COMMENTAIRE

DE LA LOI DU 12 MAI 1835

SUR LES MAJORATS,

PAR M. PARANT,

AVOCAT GÉNÉRAL A LA COUR DE CASSATION,
DÉPUTÉ DE LA MOSELLE.

Paris.

IMPRIMERIE LE NORMANT,
Rue de Seine, no 8, F. S. G.

1835.

COMMENTAIRE

DE LA LOI DU 12 MAI 1835

SUR LES MAJORATS.

La législation des majorats avait rendu la vie, sous un autre titre et sous d'autres formes, au privilége de primogéniture si justement aboli en 1790. Ce privilége est tout ce que l'on pouvait imaginer de plus contraire à nos mœurs ; car, on ne saurait le nier, l'égalité des partages dans les successions est une des lois qui répondent le mieux au sentiment national, et d'un autre côté le pays ne veut pas admettre de différence entre les personnes ou les biens ; ce qu'il lui faut, ce sont des lois qui s'exécutent à l'égard de tous. Aussi la question relative aux majorats était résolue par l'état actuel des esprits, avant de l'être par le pouvoir législatif ; la loi du 12 mai 1835 est un hommage rendu à l'opinion publique ; le plus bel éloge qu'on en puisse faire, c'est de proclamer qu'aucune autre peut-être n'est plus que celle-ci en harmonie avec nos mœurs. Il n'est donc pas étonnant que l'on se soit tout d'abord accordé sur l'article 1er qui interdit pour l'avenir les majorats.

Mais en interdisant les majorats, que devait-on ordonner à l'égard de ceux qui avaient été jusqu'ici institués ? Était-il juste de les maintenir, ou bien quel terme fallait-il leur assigner ? Ne convenait-il pas peut-être de les déclarer immédiatement non avenus? Là commençaient de sérieuses difficultés. Plusieurs systèmes ont été proposés et discutés. Je n'ai pas à examiner si le choix qui a été fait entre ces systèmes pouvait être plus heureux, car je travaille à un commentaire, et si la critique est convenable quand elle s'applique à des lois permanentes dont la réforme doit être préparée long-temps d'avance, elle est tout-à-fait superflue lorsqu'elle n'a pour objet que des dispositions transitoires, c'est-à-dire purement temporaires.

L'application de la loi du 12 mai, en ce qui regarde les majorats existans, peut donner lieu à des difficultés, soit à raison de ses termes, soit à raison de son rapprochement avec la législation générale des majorats. Je veux essayer de résoudre celles qu'il m'a été donné de prévoir. Il me semble que pour y parvenir plus sûrement, je dois d'abord envisager l'institution des majorats en elle-même, et analyser les longues discussions qui ont précédé la loi nouvelle. Ce sera l'objet d'une notice historique dans laquelle on trouvera des notions générales propres à faciliter la solution de certaines questions que je n'aurais pas prévues.

Notice historique.

L'institution des majorats n'est point ancienne, elle était inconnue des Romains; Jean Torre, dans son *Traité des majorats d'Italie*, assure que l'usage s'en est introduit dans ce dernier pays à l'époque ou Pepin et Charlemagne en firent la conquête; mais c'est principalement en Espagne que cette institution et sa *dénomination* sont connues : *verbum* MAJORATUS *à solis Hispanis usitatur, nec apud latinos scriptores invenitur* *. On peut le définir un fidéicommis graduel, suc-

* Molina (Ludov.) de Hispanorum primogeniorum origine ac naturâ. D'autres auteurs ont écrit sur les majorats; on peut consulter : Joannes Lopez de Palacios Ruvios, super legibus de Tauro (lex 50); commentarii in leges Taurinas, per Antonium Gomez (lex 50); Rod. Xuarès ou Suarez, quæstiones de majoratu; Greg. Lopius, V° *majoria*; Melchior Pelaez, tract. majoratus; Petrus Peralta; Didacus de Covarruvias; Emm. a Costa, etc.

cessif, perpétuel, indivisible, fait dans la vue de conserver le nom et la splendeur d'une maison et destiné à toujours pour l'aîné de la famille ; c'est précisément du droit accordé à cet aîné que vient le nom qui caractérise l'institution.

Les majorats proprement dits étaient inconnus en France avant la révolution, même dans les provinces qui avaient subi la domination espagnole ; aucun bien, à l'exception des immeubles dépendant des duchés-pairies, ne pouvait être substitué *à perpétuité*, sous quelque titre que ce fût ; à la vérité quelques substitutions se perpétuaient par le fait, en ce sens que le dernier substitué renouvelait la substitution, de telle sorte que les mêmes biens pouvaient se trouver *par abus* continuellement engagés ; mais tel n'était pas le droit, puisque la durée des substitutions était en général limitée par l'ordonnance de 1747.

A défaut de majorats, nous avions en France des priviléges inhérens au sexe et à la naissance. Ils s'exerçaient dans certaines successions.

Un des premiers actes de la révolution, et l'on peut dire un de ses plus justes, fut l'abolition du droit d'aînesse et de masculinité ; vint ensuite le décret du 25 octobre 1792, sanctionné le 14 novembre, qui prohiba toutes les substitutions, et déclara libres entre les mains des possesseurs les biens grevés de restitution ; enfin a été rendue la loi qui abolissait toutes les coutumes en matière d'hérédité, et dès ce moment l'égalité dans le partage des successions fut la règle générale.

Cette règle a été de nouveau consacrée par le code civil. D'un autre côté, les auteurs de cet ouvrage immortel, guidés par une haute et sage politique, comprenant aussi qu'il importait de ne pas laisser accumuler sur une ou plusieurs têtes les propriétés d'une même famille, et d'en faciliter les fréquentes aliénations, prohibèrent les substitutions.

Toutefois ils ne voulurent pas priver les père et mère, les frères et sœurs, de la faculté de soustraire une partie de leurs biens à une trop prompte dissipation, et de les assurer à leurs petits-enfans ou à leurs neveux ; ils leur permirent donc d'imposer au profit de ceux-ci, et jusqu'à concurrence de la portion disponible, une charge de restitution. Mais remarquons bien que l'on a soigneusement évité de donner à ces dispositions exceptionnelles le nom de substitution : « Il « n'est pas question, disait à ce sujet le premier consul, de « rétablir les substitutions telles qu'elles existaient dans « l'ancien droit. Alors elles n'étaient destinées qu'à main- « tenir ce qu'on appelait les grandes familles et à perpétuer « dans les ainés l'éclat d'un grand nom. Ces substitutions « étaient contraires à l'intérêt de l'agriculture, aux bonnes « mœurs, à la raison ; *personne ne pense à les rétablir.* »

Après un pareil langage, à la vue de notre code civil, on eût difficilement imaginé que l'institution des majorats, qui n'avait pu trouver place dans nos lois avant la révolution, dût un jour et si prochainement s'implanter parmi nous et s'inscrire dans ce code lui-même.

Un nouvel avenir s'ouvrait ; le premier consul était devenu *empereur de la république française* ; d'empereur de la république, Napoléon ne tarda pas à être le chef d'une véritable monarchie fortement constituée. Pensant qu'une monarchie ne pouvait subsister sans majorats, *que c'était en quelque façon de son essence* [*], il publia les décrets du 3o mars 18o6, qui érigent en pays étrangers plusieurs grands fiefs relevant de l'empire. Parmi ces décrets, je cite plus particulièrement celui qui constitue en duchés grands-fiefs la Dalmatie, l'Italie, le Frioul, Cadore, Bellune, Conégliano, Trévise, Feltri, Bassano, Vicence, Padoue, Rovigo, non seulement parce qu'il est le premier dans l'ordre, mais surtout parce qu'il contient les conditions de l'érection, et qu'il peut dès lors être envisagé comme un véritable statut sur cette matière.

« Nous nous réservons, y est-il dit, de donner l'investiture desdits fiefs, pour être transmis héréditairement par ordre de primogéniture, aux descendans mâles, légitimes et naturels, de ceux en faveur de qui nous en aurons disposé ; et en cas d'extinction de leur descendance masculine légi-

---

[*] Expressions du prince archichancelier de l'empire.

time et naturelle, lesdits fiefs seront reversibles à notre couronne impériale, pour en être disposé par nous ou nos successeurs. »

Cette première création, fruit de la politique et de la conquête, pouvait bien exciter l'ambition de ceux auxquels leurs services et leur haute position dans l'État donnaient le droit de prétendre à l'investiture de l'un des fiefs nouvellement décrétés; mais elle ne paraissait pas de nature à émouvoir l'opinion publique en France, car il s'agissait de terres conquises, c'était un domaine en dehors de celui de l'État, et le droit d'ainesse ne devait s'exercer qu'en pays étranger, c'est-à-dire sur un sol d'où il n'avait pas été banni.

Toutefois les décrets du 30 mars 1806 n'étaient que le prélude d'une dérogation à notre droit civil et politique, ils contenaient le germe d'une importante innovation ; Napoléon a su le développer avec la plus heureuse habileté.

La principauté de Guastalla, qui faisait l'objet de l'un des décrets, ayant été cédée au royaume d'Italie, Napoléon provoqua et obtint, le 14 août 1806, un sénatus-consulte qui autorisa l'acquisition de biens situés dans les limites de l'empire français en remplacement de cette principauté, biens dont la princesse Pauline devait jouir aux conditions de transmission et de reversibilité prévues par le décret. L'occasion était favorable pour faire accorder aux autres familles ce qui était concédé à la famille titulaire de la principauté de Guastalla. Le même sénatus-consulte y pourvut en ces termes :

Art. 3. « Dans le cas où Sa Majesté viendrait à *autoriser* *

---

* Par l'article 54 du décret du 1er mars 1808, relatif aux majorats, l'empereur s'est réservé d'autoriser et même d'*ordonner* l'aliénation des biens situés hors du territoire de l'empire et affectés par lui à la dotation d'un titre, pour être remplacés par des biens situés en France.

L'ordre ne se fit pas attendre; il fut donné par le décret du 3 mars 1810, art. 12, sous le titre iii : « Les ducs, comtes, barons et chevaliers, et tous autres qui ont reçu de nous des dotations en pays étranger, seront tenus de vendre les biens composant lesdites dotations, le plus tôt que faire se pourra, et au moins la moitié desdits biens dans un délai de vingt ans, et l'autre moitié dans les vingt années suivantes, etc. »

l'échange ou l'aliénation des biens composant la dotation des duchés relevant de l'empire français, érigés par les actes du même jour 30 mars dernier, ou de la dotation de tous nouveaux duchés ou autres titres que Sa Majesté pourra ériger à l'avenir, il sera acquis des biens en remplacement sur le territoire de l'empire français, avec le prix des aliénations.

Art. 4. « Les biens pris en échange ou acquis seront possédés, quant à l'hérédité et à la reversibilité, quittes de toutes charges, conformément aux actes de création, etc. »

Le principe des nouvelles substitutions, avec un caractère de perpétuité ainsi ratifié par le sénat, en ce qui concernait les dotations formées avec le domaine extraordinaire provenant de la conquête, il n'y avait qu'un pas à faire pour autoriser des substitutions du même genre sur des biens particuliers : aussi l'art. 5 du sénatus-consulte a-t-il créé ce droit exceptionnel.

« Quand Sa Majesté le jugera convenable, soit pour récompenser de grands services, soit pour exciter une utile émulation, soit pour concourir à l'éclat du trône, elle pourra autoriser un chef de famille à substituer ses biens libres pour former la dotation d'un titre héréditaire que Sa Majesté érigerait en sa faveur, reversible à son fils ainé, né ou à naitre, et à ses descendans en ligne directe, de mâle en mâle, par ordre de primogéniture. »

Du reste, le sénatus-consulte abandonnait au chef de l'État le soin de pourvoir à son exécution par des réglemens d'administration publique.

Les nouvelles institutions fondées par le sénat, d'accord avec Napoléon, ne reçurent pas de suite leur dénomination. Il eût été peu convenable de les appeler *substitutions*, après tout ce qui avait été dit de ces sortes d'actes, et d'ailleurs le mot de *substitution* renfermait l'idée d'une disposition facultative pour chaque citoyen, limitée d'ailleurs quant à sa durée. On emprunta le terme de *majorat* à l'Espagne, et c'est ainsi que les dispositions permises par le sénatus-consulte furent désignées par l'un des décrets du 1er mars 1808, rendus pour l'exécution de l'acte organique du 14 août 1806,

Il faut cependant se garder de confondre les majorats français avec ceux de nos voisins. En Espagne, le consentement du prince n'est pas nécessaire pour fonder un majorat; en France, point de majorat s'il n'est préalablement autorisé avec certaines formes solennelles.

Quels ont été les motifs de la grande détermination prise par l'empereur en 1806? Si l'on consulte les paroles officielles prononcées au nom du gouvernement, on n'y trouve que des considérations très-vagues ou complètement inapplicables au temps où l'on vivait. Le prince archichancelier disait en effet au sénat, en lui présentant les décrets du 1er mars 1808 :

« S'il restait encore quelques doutes à résoudre, j'aurais recours à l'expérience des siècles et à l'autorité de l'un de nos plus grands publicistes *, qui a considéré l'existence et le maintien des distinctions héréditaires *comme entrant en quelque façon dans l'essence de la monarchie.* »

Il est vrai que Montesquieu a écrit ces paroles dans son livre II, chapitre IV, de l'*Esprit des Lois.* Mais l'orateur qui était l'organe du gouvernement ne se faisait sans doute pas illusion sur le fond de la pensée du grand publiciste qu'il citait comme autorité; il avait certainement lu la première phrase du chapitre auquel il empruntait sa citation, et il ne pouvait ignorer que Montesquieu adaptait sa maxime à un système politique autre que celui qui avait prévalu en France. La noblesse, comme pouvoir intermédiaire, n'était certes pas de l'essence du gouvernement monarchique dans notre pays, où les classes moyennes étaient plus rapprochées que jamais du chef de l'État, à la faveur de la représentation ; elle ne lui était pas plus nécessaire que la vénalité des charges, dont l'illustre écrivain s'est aussi fait le défenseur (liv. V, chap. xix, 4e question).

L'archichancelier ajoutait que les nouvelles institutions étaient l'élément de l'honneur, « et cet honneur est en même temps le principe du gouvernement sous lequel la force du caractère national nous a ramenés. »

---

* Montesquieu.

Cherchons la réalité dans ce que cette phrase a de vague. Oui, la force du caractère national nous ramenait au principe du gouvernement monarchique ; et par cela même les membres de la société tendaient à reprendre leurs places respectives ; l'ancienne noblesse, *légalement* abolie, aurait *de fait* repris sa position, elle se serait parée de ses titres, elle aurait évoqué ses souvenirs. Voilà ce que l'empereur apercevait, et il ne pouvait souffrir cette domination morale sur les compagnons de sa gloire et de ses travaux en tous genres. Telle est, selon moi, la pensée qui a fait éclore la nouvelle noblesse, de là aussi les majorats pour assurer à la noblesse impériale la supériorité ou au moins l'égalité de position sociale, par rapport à l'ancienne qui n'avait pas été complétement dépouillée.

Ces choses ne pouvaient se dire nettement, mais elles étaient réellement la cause impulsive des institutions créées par l'empereur. Aussi M. le duc de Bassano, qui a été si souvent dépositaire des pensées de Napoléon, disait-il dans le premier rapport qu'il fit à la chambre des pairs sur la proposition relative aux majorats, séance du 11 mars 1834 :

« Une autre nécessité de l'empire, non moins grave, naissait de notre état intérieur. Les grandes familles appartenant à l'ancien régime se tenaient à l'écart du nouveau gouvernement. Si la plupart n'étaient pas évidemment hostiles, beaucoup d'entre elles usaient de l'opulence qu'elles avaient conservée pour exercer une influence ennemie. Napoléon voulut opposer à ces familles puissantes des familles qui seraient aussi puissantes qu'elles ; à des fortunes dont l'emploi inquiétait son gouvernement, des fortunes qui, lui devant leur origine, auraient les mêmes intérêts que lui. Ce qui ne se fait qu'à l'aide des siècles, il pouvait le faire en un jour et il le fit. Les ressources accumulées du domaine extraordinaire furent distribuées en dotations; et cette distribution n'aurait produit qu'un effet précaire si, attachée au titre qui la décorait, la libéralité du prince, au lieu de suivre la loi de l'égalité des partages, n'avait pas subi celle de l'hérédité comme le trône lui-même. »

Je cite avec satisfaction ces paroles, parce qu'elles sont

une preuve positive en faveur de l'opinion que j'ai toujours eue et que j'ai cru pouvoir émettre sur l'origine des institutions dont je présente en ce moment l'exposé.

La création des titres impériaux et des nouvelles substitutions à perpétuité, due à l'empereur, avait reçu l'adhésion du sénat. Légalement, cela suffisait, aux termes de la constitution alors en vigueur. Elle reçut enfin la sanction des autres parties du pouvoir législatif, à l'occasion d'une révision pour ainsi dire matérielle du Code civil : l'ordre de choses adopté en 1804 avait rendu nécessaire quelques changemens de dénomination ; aux mots *Code civil, république, jugemens, cours d'appel, armées de la république,* il s'agissait de substituer *Code Napoléon, empereur, empire, impérial, arrêts,* etc.

On profita de cette circonstance pour ajouter à l'art. 896, prohibitif des substitutions, une disposition exceptionnelle en faveur de la transmission des biens formant la dotation d'un titre héréditaire aux termes de l'acte impérial du 30 mars 1806, et du sénatus-consulte du 14 août suivant. Les orateurs du gouvernement et du tribunat motivèrent cette dérogation à la loi contre les substitutions sur les nécessités politiques de l'empire, et le Code Napoléon fut promulgué de nouveau le 3 septembre 1807, avec les changemens qu'on venait d'y introduire.

L'importante exception faite à la suite de l'art. 896 contenait le germe d'une législation tout entière en opposition avec les lois générales Les décrets du 1er mars 1808, véritables statuts relativement aux titres et aux majorats, et complément indispensable du sénatus-consulte de 1806, ne tardèrent pas à paraître. Napoléon, il faut le dire, ne cherchait pas à en atténuer la portée aux yeux de l'opinion, car il proclame nettement dans le préambule du deuxième de ces statuts, que la nécessité de conserver dans les familles les biens affectés au maintien des titres, impose l'obligation *de les excepter du droit commun ;* aussi les déclare-t-il inaliénables, insaisissables, non sujets à hypothèque, etc.

Le premier décret du 1er mars 1808, *concernant les titres,* indique les dignitaires de l'empire et les hauts fonctionnaires publics qui prennent de plein droit le titre de prince, duc, comte, baron, et les conditions auxquelles ce titre peut être transmis, conditions dont la principale est l'institution d'un majorat produisant un revenu plus ou moins élevé, selon l'importance du titre.

Le second décret du même jour, *concernant les majorats*, désigne les biens qui peuvent entrer dans leur composition; ce sont les immeubles, les rentes sur l'État et les actions de la banque de France, pourvu qu'elles aient été préalablement immobilisées; il règle les formes à suivre pour la présentation et l'instruction des demandes en érection de majorats, il institue à cet effet un conseil particulier appelé *le conseil du sceau des titres*; il détermine la teneur des lettres patentes, leur enregistrement et leur publication. Quoique le décret distingue les majorats de propre mouvement, c'est-à-dire ceux dont l'empereur fait la dotation et les majorats sur demande, c'est-à-dire ceux qui sont composés de biens particuliers, et que dans cette dernière catégorie le décret ne confonde pas les personnes qui ont de plein droit un titre transmissible, avec celles qui sont obligées de solliciter la faveur de porter un titre, les formes sont cependant les mêmes. Le décret règle ensuite très-soigneusement les effets de la création des majorats, d'abord en ce qui touche la succession privilégiée aux biens dont ils se composent, et puis en tout ce qui concerne la condition de ces biens, le mode de jouissance et les charges des titulaires, les échanges qui peuvent être faits, etc.

Avec quelque soin qu'eussent été rédigés les deux décrets du 1er mars 1808, il était cependant impossible de tout prévoir et de faire d'un seul jet, à l'occasion d'une institution nouvelle, un code complet qui satisfît à toutes les vues de Napoléon.

Aussi plusieurs autres décrets furent-ils successivement publiés, du 1er mars 1808 au 11 novembre 1813.

Aux termes de celui du 24 juin 1808, les avocats au conseil d'État doivent être les intermédiaires obligés entre les parties et le conseil du sceau des titres.

Un autre décret du même jour fixe les droits d'enregistrement et de transcription des actes relatifs à l'institution des majorats; il détermine les droits de mutation dus au moment où le majorat passe d'un possesseur à un autre.

Le décret du 4 mai 1809, qui a principalement pour objet les dotations faites par l'empereur, soit en pays étranger, soit dans l'intérieur de l'empire, et qui pourvoit à la conservation des biens composant les majorats de propre mouvement, rend quelques unes de ses dispositions applicables aux majorats sur demande, et notamment les formalités à remplir par le nouveau possesseur à la suite du décès du dernier titulaire.

Celui du 17 mai 1809 étend les dispositions du statut du 1er mars 1808, en ce qui touche les biens susceptibles d'entrer dans la composition des majorats.

Le 4 juin 1809, deux nouveaux décrets furent publiés : l'un permet la fondation de plusieurs majorats sur une seule tête et la cumulation des titres ; l'autre détermine les effets et l'emploi de la retenue annuelle prescrite par le deuxième statut de 1808, sur les arrérages des rentes constituées en majorat.

Jusqu'alors l'empereur n'avait pas songé au rétablissement du *manoir* ; un décret du 3 mars 1810 y a pourvu, en prescrivant que chaque majorat eût son siége dans une maison d'habitation dépendant de ce majorat et d'une valeur proportionnée à l'importance du titre *. Le même décret renferme des dispositions relatives : 1° aux titres que peuvent prendre les fils d'un possesseur de majorats; 2° à la vente des biens situés en pays étranger, à leur remplacement par des biens situés en France, aux mesures à prendre pour que le conseil du sceau des titres soit informé de toutes les mutations qui surviennent dans les familles pourvues de majorats; 3° à la création des *chevaliers de l'empire*.

Un autre décret, du même jour 3 mars 1810, règle une

---

* Sur ce point il a été modifié par le décret du 11 juin 1811; enfin, dans les derniers temps on n'obligeait plus les fondateurs de majorats à en indiquer le siége ; ils s'en trouvaient *provisoirement* dispensés par décision royale du 8 août 1819.

foule d'objets, tels que les dotations qui ne sont attachées à aucun titre et qui ont été accordées par l'empereur pour services civils ou militaires; l'enregistrement des lettres patentes, la délivrance des lettres ou brevets d'investiture; les déclarations relatives aux pensions des veuves, etc., etc.

Le 14 octobre 1811, décret qui, en conséquence du sénatus-consulte du 30 janvier 1810, sur la dotation de la couronne, retira au conseil du sceau des titres les attributions qui lui avaient été données pour les dotations provenant du domaine extraordinaire, et les conféra à l'intendant de ce domaine. Ce décret contient plusieurs dispositions très-importantes : l'une de ces dispositions déclare qu'en cas de décès du titulaire, l'héritier appelé à recueillir le majorat ou la dotation est saisi de plein droit et peut se mettre immédiatement en possession, à la charge, s'il s'agit de dotation, de se faire reconnaître par l'intendant du domaine extraordinaire, et d'obtenir du sceau la délivrance d'un brevet en qualité de successeur. Les autres sont relatives aux contestations qui peuvent s'élever sur le droit des appelés ou prétendans et celui des veuves ; elles les défèrent expressément aux tribunaux ordinaires.

La position des veuves a de nouveau appelé la sollicitude du chef de l'État, et par décret du 24 août 1812, il y a encore pourvu.

Le besoin de la conservation des biens affectés aux dotations, et peut-être plus encore l'intérêt des tiers, commandaient des mesures propres à assurer la plus grande publicité. Un décret du 22 décembre 1812 a prescrit en conséquence la transcription des actes d'investiture au bureau des hypothèques de la situation des biens, avec mention littérale des articles du statut du 1er mars 1808, qui déclarent nulles de plein droit les aliénations qui en pourraient être faites. Le second décret du même jour, 22 décembre 1812, qui a également pour objet la conservation des biens, mais qui s'étend à toutes les espèces de majorats, pourvoit aux mesures nécessaires pour empêcher que ces biens soient diminués sans de bonnes et justes causes, et par l'insuffisance de la défense ou par la collusion des parties.

Je ne mentionne ici que par leur date les décrets du 4 juillet et du 11 novembre 1813, parce que le premier n'est relatif qu'à des formes sans importance, et que le second ne renferme que des dispositions relatives à la jouissance des pensions des veuves de donataires.

Telle est la nomenclature des actes principaux qui composent la législation impériale des majorats.

Il n'est pas sans intérêt de rechercher le chiffre des majorats autorisés par l'empereur dans l'intervalle de 1808 à 1814. Leur nombre total a été de 212, présentant un revenu annuel de 1,885,922 fr. En 1808, il n'y a eu que deux majorats constitués * ; mais en 1809 il y en avait quarante-quatre de plus ; l'année 1814, dans les trois mois de règne de l'empereur et durant les malheurs de l'invasion des ennemis, n'en a vu que huit ; on ne peut donc guère tenir compte que des cinq années qui se sont écoulées entre 1808 et 1814 ; le total pour ces cinq années étant de 202, le chiffre moyen annuel a été d'un peu plus de quarante. C'est beaucoup ; mais pour se rendre raison de ce grand nombre, il suffit de savoir que l'empereur invitait personnellement ceux qui l'entouraient à fonder des majorats, et de réfléchir d'ailleurs qu'il y avait une cause fort impulsive dans les décrets qui faisaient de l'institution des majorats une condition *sine quâ non* pour l'hérédité des titres.

La restauration ne pouvait ni ne devait répudier une partie aussi précieuse de la législation impériale. Elle se l'est appropriée, en y faisant quelques légères modifications ; toutefois, dans le principe, elle n'a envisagé la création d'un majorat que comme une simple faculté, mais elle a fini par l'imposer comme condition de certaines positions sociales

---

* Je n'entends parler ici que du nombre des lettres patentes délivrées : car, dans l'année même, quoique les décrets de 1808 n'eussent pas été connus du jour au lendemain, un assez grand nombre de demandes avaient été adressées à l'administration ; des décrets d'autorisation avaient été rendus ; mais comme les lettres patentes ne pouvaient être délivrées qu'après l'accomplissement de formalités qui exigeaient certains délais, il n'y eut que deux majorats définitivement constitués en 1808.

ou politiques. Voyons quels actes le pouvoir royal a publiés sur cette matière.

La première ordonnance a pour date le 15 juillet 1814 ; elle remplace le conseil du sceau des titres par une commission spéciale revêtue des mêmes attributions que ce conseil, et appelée *commission du sceau*. Elle institue six *référendaires* chargés d'exercer auprès de cette commission, pour l'instruction et la suite des affaires, les fonctions précédemment attribuées aux avocats du conseil d'État *.

Cette ordonnance n'est relative qu'à des objets de pure forme; mais celle du 25 août 1817 a la plus haute portée, elle doit être la cause impulsive d'une multitude de majorats.

La charte de 1814, en instituant la chambre des pairs, laissait au roi la faculté de nommer les pairs à vie ou de les rendre héréditaires, à volonté (art. 27). Cependant une ordonnance du 19 août 1815, rendue après les derniers revers de Napoléon, avait déclaré la pairie héréditaire et transmissible dans la famille des pairs déjà nommés et de ceux qui pourraient l'être. C'est pour garantir les effets de l'hérédité que l'ordonnance du 25 août 1817 a été publiée; elle porte en substance : « Nul ne sera appelé à la chambre des pairs, « s'il n'a préalablement obtenu l'autorisation de former un « majorat dont l'importance doit être proportionnée à celle « du titre; les membres actuels de la chambre des pairs sont « invités à instituer des majorats. »

On n'a pas tardé à s'apercevoir que la condition imposée à ceux qui pouvaient aspirer à la pairie était une gêne pour le gouvernement lui-même; il était possible en effet que de

---

* Par ordonnance du 11 décembre 1815, le nombre des référendaires a été fixé à 10, et porté à 12 par une autre ordonnance rendue en 1828. — Une ordonnance du 31 octobre 1830 les assujettit à un cautionnement de 500 fr. de rente 5 p. 100 sur l'Etat. Cette même ordonnance supprime la commission du sceau et attribue ses fonctions au conseil d'administration du ministère de la justice, en investissant le secrétaire général de ce ministère des fonctions exercées sous la restauration par le commissaire du roi, et par le procureur général sous l'empire.

très-bons choix lui fussent interdits toutes les fois que ceux qui en auraient été l'objet refuseraient par intérêt pour leurs enfans de créer dans leur famille un droit de primogéniture sur leurs biens ; aussi l'ordonnance du 5 mars 1819, qui nomme soixante pairs, les dispense-t-elle expressément de fonder des majorats, les autorisant à prendre immédiatement séance dans la chambre, sauf néanmoins à ne transmettre héréditairement leur dignité qu'en instituant des majorats. La même exception a eu lieu en faveur de huit autres pairs nommés par ordonnance du 21 novembre 1819. Enfin la fameuse ordonnance du 5 novembre 1827, portant promotion des soixante-seize pairs de Charles X, doit être encore citée comme un grand exemple de dérogation à celle du 25 août 1817.

Mais ces trois ordonnances soumettant l'hérédité de la pairie à l'institution d'un majorat, comme conséquence des précédentes dispositions arrêtées par le pouvoir royal, on peut dire que sous ce rapport l'ordonnance du 25 août 1817 subsistait avec tous ses effets et devait nécessairement donner naissance à des majorats en grand nombre.

Il ne restait plus qu'à revenir, quant aux titres, au régime impérial et à prescrire comme condition de leur transmissibilité l'érection d'un majorat, pour multiplier encore cette sorte d'actes : c'est ce que fit l'ordonnance du 10 février 1824.

La restauration a recueilli le fruit des mesures qu'elle avait adoptées : à partir de 1816 [*], jusques et y compris 1830, deux cent vingt-huit majorats hors pairie ont été érigés ; dans ce nombre cent trente-quatre sont postérieurs à 1824, c'est-à-dire à l'ordonnance qui subordonne l'hérédité des titres à la création de majorats; ajoutons que depuis et y compris 1819 jusque 1830, soixante-dix-huit majorats affectés à la pairie ont été fondés, et nous aurons un total de trois cent six majorats dus à la restauration. La première catégorie comprend un revenu engagé de 1,923,512 fr. 24 cent. ;

---

la seconde, un revenu de 927,092 fr. 65 cent.; ensemble 2,850,604 fr. 89 cent.

Voilà quel était l'état des choses au moment de la révolution de juillet. Depuis cette grande époque, il a été délivré onze fois des lettres patentes contenant érection de majorats; mais deux de ces majorats seulement sont de création nouvelle; les autres avaient été autorisés avant juillet 1830, et les lettres patentes n'étaient que l'exécution des actes antérieurs. Ces onze derniers majorats sont d'un revenu total de 201,421 fr. 95 cent.

Pour n'y plus revenir, je note en passant que les cinq cent vingt-neuf majorats qui grèvent des biens particuliers, immeubles ou rentes immobilisées, à partir de 1808 jusqu'à ce jour, produisent annuellement 4,837,949 fr. 66 c.*, dont plus de 3 millions et demi pour les immeubles proprement dits. A cela on peut ajouter les dotations faites aux dépens du domaine extraordinaire présentant un revenu de 2,082,287 fr. 39 cent. **, et l'on aura une idée de l'importance des biens soustraits à la circulation.

L'hérédité de la pairie menacée par la révolution de juillet, condamnée même avant que le pouvoir auquel la question était déférée eût solennellement rendu sa décision souveraine, la chute des majorats était d'autant plus imminente que cette institution était contraire à l'opinion et aux habitudes nationales, et qu'elle ne devait plus avoir pour appui le prétexte de l'*utilité*; d'un autre côté, les possesseurs eux-mêmes, privés des avantages sur lesquels ils avaient compté, ne pouvaient plus voir dans la conservation de leurs majorats qu'une gêne accablante sans compensation aucune.

Convaincu que l'abolition légale des majorats, en même temps qu'elle était une juste satisfaction pour l'opinion publique, devait tourner au profit du pays, puisqu'elle ren-

---

* Relevé exact des documens qui précèdent.

** Immeubles. 168,191 47
Rentes sur l'Etat. 1,415,595 92
Canaux { du Midi. . . . . . . 251,000 »
{ du Loing. . . . . . 247,500 » } 2,082,287 39

drait au commerce une masse de biens devenus inaliénables, et au profit des familles mêmes qui les possédaient, je voulais prendre l'initiative, j'étais arrivé à la chambre élective avec cette pensée au commencement de la session de 1831. Ma proposition était même rédigée, je la communiquai à plusieurs députés qui étaient, comme moi, contraires aux majorats ; ils me conseillèrent d'ajourner mon projet à quelque temps de là, je crus devoir m'en rapporter à leur expérience et céder à leur avis.

Mais mon honorable collègue M. de Jaubert déposa sur ces entrefaites une proposition analogue à la mienne et touchant la suppression des majorats ; il en donna lecture dans la séance du 24 août 1831, et se fit autoriser par la chambre à ne présenter les développemens de sa proposition que lorsque s'ouvrirait la discussion relative à la pairie. Je me hâtai dès lors de publier mon sentiment et les articles du projet dans lequel je l'avais formulé*. La question relative à l'hérédité de la pairie avait été enfin résolue, et la décision des pouvoirs chargés par la charte de statuer sur cette question avait été promulguée le 29 décembre 1831 : Désormais la dignité de pair ne pouvait plus être conférée qu'à vie, elle cessait d'être transmissible par droit d'hérédité. C'était un argument péremptoire en faveur de la proposition relative aux majorats, et cette proposition paraissait devoir être discutée d'autant plus promptement que, dans la séance du 19 octobre 1831, c'est-à-dire le lendemain du jour où la chambre des députés avait pris sa résolution sur la pairie, les développemens en avaient été ajournés jusqu'après la décision de l'autre chambre sur le même objet; mais l'ajournement se prolongea de fait jusqu'à la clôture de la session.

* *Sténographe des Chambres* du 26 août. Ce journal, qui a publié littéralement les travaux de la chambre des députés pendant la session de 1831, a été, parmi nous, le premier exemple d'un travail typographique reproduisant à l'heure même les discours prononcés à la tribune et tous les incidens de la séance. C'est à sa création, qui malheureusement n'a pas été profitable à son fondateur, que nous devons la méthode actuelle de rédaction du *Moniteur*.

Dans la session de 1832, je pris l'initiative, non sans avoir rempli un devoir que m'imposait la délicatesse, celui de faire connaître mes dispositions à mon collègue M. de Jaubert, qui fut ensuite mon collaborateur pendant deux années dans les commissions successivement chargées d'examiner la législation des majorats. Ma proposition fut lue dans la séance du 31 janvier 1833, et ses développemens furent présentés à celle du 11 février.

Je demandais que toute institution de majorats fût interdite pour l'avenir*. Les raisons ne manquaient pas à l'appui de cette proposition. Tout ce que l'on avait dit au sujet du privilége de primogéniture et des substitutions pouvait se rapporter aux majorats et se reproduire avec d'autant plus de force que nous vivons sous l'empire d'une charte avec laquelle cette dernière institution n'est point compatible.

Mais il ne suffisait pas de prohiber pour l'avenir des dispositions qui auraient pu accroître la masse des propriétés inaliénables ; il fallait régler le sort des biens affectés jusqu'à présent à des majorats, et ici une distinction était nécessaire entre les majorats de propre mouvement (dont la dotation avait été fournie par l'empereur) et ceux qui avaient été formés avec des biens appartenant aux fondateurs.

Quant aux premiers, je ne voyais d'extinction possible, selon les règles d'une stricte équité, qu'autant que cette extinction aurait lieu par suite de transactions que le domaine serait autorisé à faire avec les possesseurs actuels. C'était le seul moyen-terme praticable ; on ne pouvait en effet abandonner à ces derniers la pleine propriété des biens composant les majorats, sans causer un grand préjudice à l'État auquel ces biens doivent un jour faire retour ; et, d'un autre côté, on ne pouvait révoquer les dispositions faites

---

* Je ne parlerai pas ici de la partie de ma proposition qui était relative aux substitutions autorisées par la loi du 17 mai 1826. Votée deux fois par la chambre des députés, l'abrogation de cette loi n'a pas eu l'assentiment de la chambre des pairs. Ce sera l'objet d'une nouvelle discussion dans une autre session.

par l'empereur au profit de nombreuses familles, sans être souverainement injuste envers celles-ci, qui se seraient vues dépouillées de ce qu'elles avaient reçu à titre de récompenses méritées ; mais pour faire une proposition relative au mode et aux bases des transactions entre l'État et les possesseurs, je manquais des élémens qui eussent pu me mettre en situation d'éclairer la chambre. Je devais donc sur ce point laisser les choses dans le *statu quo* *.

Relativement aux majorats composés de biens particuliers, ils pouvaient encore être dans les mains de leurs fondateurs, et c'était le plus grand nombre ; d'autres avaient passé, par suite de décès, entre les mains des aînés appelés à les recueillir. Il me paraissait tout simple de déclarer que ceux de la première catégorie seraient réputés non avenus, et les fondateurs autorisés à disposer librement des biens qu'ils avaient affectés à la branche aînée de leur famille ; que ceux de la seconde classe n'auraient d'effet qu'en faveur des possesseurs actuels qui demeureraient libres de disposer des biens.

J'avais pour précédens la loi du 25 octobre — 14 novembre 1792, qui, en prohibant les substitutions, avait disposé de la sorte quant aux biens *substitués*, et la constitution d'Espagne, décrétée à Bayonne le 6 juillet 1808, qui, en limitant les majorats à un minimum de 5,000 piastres fortes et au maximum de 20,000, déclarait libres et rendait à la circulation les biens grevés dont le produit serait inférieur à 5,000 piastres et tous ceux qui se trouveraient en excédant du maximum. Enfin, il s'agissait d'un retour à l'égalité des partages et d'une véritable loi de successions ; je pensais donc qu'il était permis d'adopter des dispositions de ce genre, sans s'exposer aux reproches de rétroactivité.

Après cet exposé de ma proposition, il me reste à faire voir par quelles séries de discussions et de modifications le

* Plus tard, un honorable député de la Seine, M. de Salverte, a fait à la chambre une proposition sur les majorats provenant du domaine extraordinaire : il a été autorisé à en présenter les développemens, mais elle n'a pas été prise en considération. (Séances du 19 et du 22 février 1834.)

pouvoir législatif a passé pour arriver jusqu'à la loi actuelle.

Je ne m'étais point dissimulé les objections, je les avais même énoncées dans mes développemens. Elles furent reproduites dans le sein de la commission chargée de présenter un rapport sur ma proposition ; il y eut accord unanime sur la nécessité de défendre pour l'avenir toute nouvelle institution de majorats ; mais les dispositions relatives aux majorats existans, a-t-on dit, blessent des droits acquis, en ce que des arrangemens de famille, des mariages, ont été contractés sur la foi des majorats; il ne faut pas de déceptions, c'est en fait de lois ce qui peut être le plus dangereux pour une société bien organisée; il est donc indispensable d'excepter de la mesure qui affranchit les biens entre les mains des fondateurs ou des autres possesseurs, tous les cas où des *appelés* ont contracté mariage depuis l'institution du majorat fondé dans leur famille. Les objections ont été examinées sous le rapport du droit strict, et la commission n'était pas éloignée de reconnaitre qu'il ne s'agissait pas de *droits acquis* ; mais, dans cette hypothèse, on disait qu'une bonne politique conseillait à des législateurs de faire ce qui était le plus équitable, au lieu d'user rigoureusement de la latitude que pouvaient leur laisser les principes généraux du droit ; qu'ainsi, à supposer que l'on pût, sans se faire accuser de rétroactivité, proposer à la chambre d'adopter mes dispositions transitoires, il serait cependant plus convenable de ménager des intérêts créés ou au moins des espérances conçues sous l'empire de la législation des majorats. Cette opinion a prévalu. Un membre de la commission demandait même que l'on ne s'en tînt pas à la réserve des droits des *appelés* mariés avant la nouvelle loi et depuis la constitution des majorats que les décrets pouvaient les rendre aptes à recueillir, mais que l'on allât jusqu'à respecter la simple expectative de tout *appelé* né ou conçu avant la promulgation de la loi proposée. Je mentionne cet amendement qui n'a cependant pas été accueilli, parce qu'on va le voir se reproduire dans la chambre des pairs. Enfin la commission voulut consacrer par une disposition expresse le droit des possesseurs de majorats provenant de dotations du domaine extraordinaire. Toutes ces résolutions furent accueillies dans la session de 1834 * par la chambre, qui vota ma proposition amendée, à une très-forte majorité **.

L'examen de la commission de la chambre des pairs fut favorable au projet adopté par la chambre des députés ; la majorité de cette commission en proposa l'adoption avec un amendement dans l'intérêt de tous les *appelés nés* ou *conçus* avant la promulgation de la loi ; mais ses conclusions ne furent point accueillies, et la proposition nous revint de la chambre des pairs toute mutilée ; elle se réduisait à deux articles : 1° interdiction des majorats pour l'avenir ; 2° conservation pure et simple de tous les majorats constitués jusqu'à ce jour, pour être transmis selon la législation qui les régit.

La chambre des députés ne pouvait accepter cette résolution qui aurait accru le privilége des personnes dotées de majorats, au lieu d'améliorer l'état de choses actuel. Elle ne pouvait non plus reproduire purement et simplement sa première résolution ; elle y ajouta donc un article conforme à l'amendement qu'avait proposé la commission de la chambre des pairs, en faveur de *tous les appelés nés ou conçus*.

Cette même commission donna les mains à notre dernière décision ; mais son rapport, présenté au moment de la clôture de la session de 1834, ne put être l'objet d'une nouvelle discussion à la chambre des pairs.

Voulant reproduire ma proposition au commencement de la session de 1835, je n'avais rien de mieux à faire que de la présenter dans les termes consacrés en dernier lieu par la chambre des députés. Je me bornai donc à transcrire ces

---

* Le rapport fait dans la session de 1832 n'avait pu être discuté alors ni dans la courte session de 1833 ; mais successivement reprise d'une session à l'autre, sur les erremens de ce rapport, ma proposition a pu être soumise à la chambre en 1834.

** 208 voix contre 29. J'indique le chiffre de cette majorité pour montrer à quel point l'opinion était défavorable aux majorats. Encore faut-il savoir que quelques uns des 29 opposans ne se sont prononcés contre la résolution que parce qu'elle ne leur paraissait pas assez large.

lermes, et quoique je dusse paraitre devant une nouvelle législature, j'avais la confiance que j'y trouverais la sanction de l'œuvre de celle qui l'avait précédée. La commission, qui avait pour organe M. le comte de Jaubert, proposa l'adoption pure et simple. Mais, lors de la discussion, un amendement survint et fut accueilli; on doit s'en féliciter, puisqu'il aura pour résultat de servir l'intérêt public en amenant l'extinction plus prompte de quelques majorats, et de servir en même temps l'intérêt des familles dans lesquelles pourra se faire une équitable répartition de biens jusque-là destinés à enrichir les aînés. Cet amendement portait autorisation, pour les fondateurs encore existans, de révoquer en tout ou partie leurs majorats, pendant un délai de six mois, à moins qu'il n'y eût dans leur famille des appelés mariés. Il fut adopté, je le répète, avec les autres dispositions du projet. *

Cette fois, la chambre des pairs ne s'est pas prononcée pour le maintien absolu des majorats fondés avec des biens particuliers; sa commission lui a soumis et elle a accueilli une combinaison nouvelle dont l'effet devait être de faire éteindre plus ou moins promptement ces majorats : 1° leur conservation pendant plusieurs générations seulement, à partir du fondateur; 2° la faculté donnée aux fondateurs, non plus pour six mois uniquement, mais pendant toute leur vie, de révoquer ou modifier la constitution de leurs majorats, à moins qu'il n'y eût empêchement provenant du mariage d'un *appelé*.

Quoique cette résolution laissât quelque chose à désirer, la chambre des députés, sur le nouveau rapport qui lui fut présenté, et dans lequel sont indiquées les imperfections

---

* Aujourd'hui que j'applaudis à l'amendement, je n'oublie pas que je l'ai combattu quand il fut présenté. Je croyais et je crois encore qu'il ne devait pas trouver place dans le système adopté par la chambre des députés. Mais ce système ayant été remplacé par un autre, auquel l'amendement s'adaptait fort bien et dans le plus grand intérêt de tous, je me félicite de le voir dans la loi.

de la résolution *, finit par l'adopter dans sa séance du 6 avril.

Tels ont été les longs préliminaires de la loi du 12 mai 1835 **, qui, en réformant la législation impériale, nous

---

* Voyez le rapport fait par M. le comte de Jaubert dans la séance du 30 mars 1835, et ma note qui y a été annexée.

** En voici le résumé, avec l'indication des procès-verbaux et pages du *Moniteur* où se trouvent les documens officiels :

11 février 1833. Développemens de la proposition de M. Parant; proc.-verb. de la ch. des députés, session de 1832, t. III, annexe n° 99; *Moniteur,* 1833, p. 349 et 372. — 13 mars 1833. 1er rapport de M. Dufau; proc.-verb., t. IV, annexe n° 153; *Monit.,* 1833, p. 691. Ce rapport n'a pas été immédiatement discuté, la session ayant été close le 25 avril. — 13 mai 1833. Reprise de la proposition; proc.-verb. de la session de 1833, p. 159; *Monit.,* 1833, p. 1343. — 9 janvier 1834. Nouvelle reprise de la proposition; proc.-verbal de la session de 1834, t. 1er, p. 116; *Monit.* 1834, p. 68. — 17 janvier 1834. Première résolution de la ch. des députés; proc.-verb., p. 170; *Monit.,* 1834, p. 125. — 11 mars 1834. 1er rapport de M. le duc de Bassano à la ch. des pairs; impressions, session de 1834, n° 31; *Monit.,* 1834, p. 551. — 20 mars 1834. 1re résolution de la ch. des pairs; proc.-verb. de la chambre, session de 1834, p. 803; *Monit.,* p. 647. — 9 avril 1834. 2e rapport de M. Dufau, à la ch. des députés, sur la résolution de la ch. des pairs; proc.-verb., t. IV, annexe n° 183; *Monit.,* 1834, p. 863 et 890. — 17 avril 1834. 2e résolution de la ch. des députés; proc.-verb., t. IV, p. 222; *Monit.,* p. 950. — 17 mai 1834. 2e rapport de M. le duc de Bassano, qui n'a pas été discuté par la chambre des pairs, la session ayant été close le 24; impressions, session de 1834, n° 87; *Monit.,* p. 1277. — 8 décembre 1834. Nouveaux développemens de la proposition de M. Parant, représentée à la chambre des députés; proc.-verb., session de 1835, t. 1er, annexe n° 13; *Monit.,* 1834, p. 2199. — 31 décembre 1834. 1er rapport de M. le comte de Jaubert; proc.-verb., t. 1er, annexe n° 30; *Monit.,* 1835, p. 2. — 9 janvier 1835. 3e résolution de la ch. des députés; proc.-verb., t. II, p. 151; *Monit.,* 1835, p. 87. — 5 mars 1835. Rapport fait à la ch. des pairs, par M. le comte Siméon; impressions, session de 1835, n° 22; *Monit.,* p. 463. — 12 mars 1835. Nouvelle résolution de la ch. des pairs; proc.-verb., session 1835, p. 511; *Monit.,* p. 497. — 30 mars 1835. 2e rapport de M. le comte de Jaubert à la ch. des députés; suivi d'une note de M. Parant annexée par ordre de la commission; proc.-verb.,

ramène, sans exception, pour une époque plus ou moins rapprochée, à l'égalité des partages consacrée par le Code civil, et à la division naturelle des propriétés.

Peut-être l'exposé dans lequel j'ai retracé la législation des majorats et l'histoire de la loi qui les prohibe pour l'avenir, paraîtra-t-il un peu long. Mais le but que je me suis proposé sera ma justification. Je passe à l'explication que peuvent nécessiter les articles de cette dernière loi.

ARTICLE 1er.

Toute institution de majorats est interdite à l'avenir.

Rien n'est plus précis que cet article : il prohibe toute institution de majorats, soit sur demande, soit de propre mouvement, et les majorats de cette dernière espèce sont d'autant moins à craindre pour l'avenir, qu'il n'y a plus de domaine extraordinaire. On peut supposer dès lors que l'art. 1er n'est susceptible d'aucun commentaire, et qu'on ne doit le mentionner en quelque sorte que pour mémoire.

Mais à cet article se rattache une question qui, aux yeux de beaucoup de personnes, a une grande importance : c'est celle de la *transmission des titres de noblesse*. Personnellement indifférent sur ces titres, je comprends néanmoins que d'autres y attachent un grand prix, et c'est pour cela que j'ai cru devoir aborder la question ; je la traiterai avec d'autant plus d'impartialité, que je suis exempt de préventions pour ou contre les titres, que je ne les envie pas à ceux qui les portent, et que je n'ai jamais blâmé l'ambition de les acquérir ou de les conserver, lorsqu'une semblable distinction est méritée par d'éminens services.

On s'est demandé si les titres conférés à une époque où ils ne pouvaient se transmettre héréditairement qu'à la condition d'instituer un majorat, s'éteindront au décès de ceux qui les portent , ou s'ils se transmettront librement, sans l'accomplissement d'une condition qui désormais ne peut plus être remplie. Cette question doit être envisagée dans ses rapports : 1º avec ceux qui n'ont pas fondé de majorats, mais qui auraient encore pu, avant leur décès, user de la faculté que leur donnait la législation impériale ; 2º avec ceux qui ayant fondé un majorat, profiteront du droit que leur confère l'article 3 de la présente loi, pour révoquer leur institution ; 3º enfin, avec ceux sur la tête desquels les majorats viendront à s'éteindre par suite de l'article 2.

Jetons un coup d'œil sur la législation relative aux titres , pour pouvoir résoudre la difficulté.

La noblesse, héréditaire de plein droit avant la révolution, a été *pour toujours* abolie par le décret de l'assemblée constituante, du 19 juin 1790 , sanctionné le 23, et défense a été faite à toutes personnes de prendre ou de donner les titres de prince, de duc, comte, marquis, etc. Cette abolition a été expressément consacrée par la constitution du 3 septembre 1791 (voir les déclarations qui précèdent le titre Ier de la constitution).

L'assemblée constituante tenait à l'exécution de ce qu'elle avait prescrit ; aussi le décret du 27 septembre—16 octobre 1791 , a-t-il institué des peines contre les particuliers qui enfreindraient ses prohibitions, et contre les notaires ou fonctionnaires publics qui, au mépris de la constitution et des lois, relateraient dans leurs actes des titres supprimés.

Le sénatus-consulte organique, ou constitution du 28 floréal an XII, en érigeant le trône impérial, ne l'avait entouré que de dignitaires ; il n'avait pas rétabli les titres, soit en créant une nouvelle noblesse, soit en faisant revivre l'ancienne ; il était, sur ce point, conforme à l'esprit de la constitution de 1791. Mais on a vu, dans la notice historique ci-dessus, que le décret du 30 mars 1806, implicitement ratifié et considérablement amplifié par le sénatus-consulte du 14 août suivant, y avait pourvu ; l'art. 5 du sénatus-consulte du 14 août a autorisé le chef de l'État à conférer des titres héréditaires; il en indiquait la condition, et la pensée de cet article a été développée dans les statuts impé-riaux du 1er mars 1808.

Le premier de ces statuts, ajoutant à l'acte qui créait pour l'avenir les titres héréditaires, institue des titres à vie, mais avec faculté, pour le chef de l'État, de les rendre héréditaires sous la condition d'un majorat. Le second règle et détermine les formalités à remplir sous ce dernier rapport.

Ainsi, point de titres transmissibles de plein droit. Du reste, le pouvoir qui créait ces titres voulut les protéger contre toute usurpation. De là, l'art. 259 du Code pénal qui prononçait l'amende et l'emprisonnement contre toute per-sonne convaincue de s'être *attribué des titres impériaux qui ne lui auraient pas été légalement conférés.*

Voilà quel était le droit jusqu'en 1814 : l'art. 71 de la charte rend à la noblesse ancienne les titres qu'elle avait, avec toutes leurs conséquences, bien entendu, c'est-à-dire avec l'hérédité qui leur était inhérente.

Il conserve les titres de la nouvelle noblesse, ce qui signifie les titres à vie pour ceux qui n'en avaient pas d'autres, les titres héréditaires pour ceux qui avaient ac-quis l'hérédité par l'accomplissement de la condition; car si l'auteur de la charte voulait maintenir des droits acquis, il n'entendait certes pas accorder des faveurs plus considérables à ceux que l'empereur avait décorés de titres, et donner la noblesse héréditaire à qui ne l'avait que via-gèrement.

Enfin l'art. 71 porte que *le roi fait des nobles à volonté.* Cette disposition générale, sans condition ni limitation aucune, indique bien que la noblesse conférée par la res-tauration devait être héréditaire dans les familles, à moins de dispositions contraires, comme celle qui aurait été con-cédée par les anciens rois de France. Aussi l'entendait-on de cette manière depuis 1814, et s'il en fallait une preuve in-dépendante des actes qui ont été la conséquence de la charte, et des titres que Louis XVIII a donnés, on la trou-verait dans l'ordonnance du 8 octobre 1814, relative à la transmission de la noblesse dans un cas déterminé *, et dans celle du 10 février 1824, qui *pour l'avenir* déclare que les titres qu'il plaira au roi de conférer *seront personnels* et ne passeront à la famille qu'autant qu'il y aura, pour les titulaires, autorisation de constituer un majorat, et que le majorat aura été en effet constitué.

Ainsi, dans la première période de la restauration, de 1814 à 1824, les titres étaient héréditaires de plein droit, à moins de réserves contraires résultant du titre d'institution, et la question que j'examine ne peut dès lors avoir rien de commun avec les titres conférés antérieurement à l'ordonnance du 10 février 1824, pas plus qu'avec ceux qui sont antérieurs à la révolution de 1789.

Mais à partir de 1824, les titres n'ont été régulièrement conférés qu'à vie, de même que ceux de l'empire, et ils n'ont pu emporter l'hérédité que sous la condition d'une institution de majorat. C'est donc pour les titres impériaux et pour ceux des titres royaux qui ont été conférés depuis le 10 février 1824, que notre question présente de l'intérêt.

L'article 62 de la charte de 1830 ne dit rien de plus ni rien de moins que l'art. 71 de celle de 1814.

Cependant la protection qui jusqu'alors avait été accordée aux titres contre toute usurpation, leur a été refusée depuis la révolution de 1830. Lors des modifications apportées à notre législation criminelle, pendant la session de 1831, l'art. 259 du Code pénal a été changé par suite d'un *amendement* improvisé dans le cours de la discussion devant la chambre des députés ; on en a fait disparaître ce qui concernait *l'attribution illégale des titres*.

C'est cet amendement qui m'a conduit à dire, dans les premiers développemens de ma proposition, lorsque j'avais

---

* Art. 1er. Il continuera d'être expédié des lettres-patentes conférant le titre *personnel* de chevalier aux membres de la Légion-d'Honneur, etc.

Art. 2. Lorsque l'aïeul, le fils et le petit-fils auront été successivement membres de la Légion-d'Honneur et auront obtenu des lettres-patentes conformément à l'article précédent, le *petit-fils sera noble de droit et transmettra sa noblesse à toute sa descendance*.

à m'occuper accessoirement des effets de l'abolition des majorats sur la transmissibilité de la noblesse : « Qui serait
« tenté de contester le titre à l'aîné de la famille, aujour-
« d'hui que la possession même illégale d'un titre n'est plus
« un délit? »

La commission chargée de l'examen de cette proposition
n'a pas cru devoir se borner à émettre une opinion par l'organe de son rapporteur, sur la question de l'hérédité des
titres nobiliaires. Elle voulut la formuler dans le projet
même, et un amendement qui formait l'art. 7, était ainsi
conçu : « Les dispositions ci-dessus ne feront point obsta-
« cle à la transmission des titres qui avaient été attachés
« aux majorats. »

Comme on le voit, cet amendement ne disposait qu'en
faveur des titres liés à des majorats, d'où la conséquence
que, *littéralement* parlant, les autres titres, considérés comme
purement *personnels,* auraient dû s'éteindre avec ceux qui les
portaient.

Était-ce bien cela que voulait la commission ?

Oui, si l'on en juge par l'opinion de M. le comte de Jaubert
qui a publié à cette époque un avis remarquable sur la proposition qu'avait à discuter la chambre, et qui, dans le sein
de la commission, s'était fortement prononcé pour l'amendement; il disait en effet dans cet avis imprimé et distribué
à ses collègues (p. 38) : « aux termes des statuts et décrets,
les titres personnels qui ne reposent point sur des majorats
s'éteignent avec les titulaires; *il n'y aura rien de changé à
l'égard de ceux-ci.* Mais quant aux titres avec majorats.
leur transmissibilité, etc. (Ici l'auteur cherche à prouver la
nécessité de l'amendement.) »

Oui encore, si l'on en juge par un passage du premier rapport de M. Dufau, qui semble indiquer que la commission
n'a eu en vue que la transmission des titres attachés aux
majorats.

Cependant la phrase qui suit immédiatement ce passage
parait donner un caractère de généralité à la pensée de la
commission : « L'art. 62 de la charte de 1830..... en décla-
rant que la noblesse ancienne reprenait ses titres et que la

nouvelle conservait les siens...., n'a sans doute pas voulu imposer aux gloires de l'empire d'autres conditions qu'aux illustrations d'un autre âge (p. 3). »

Partageant l'avis de la commission sur l'hérédité des titres et faisant même sur ce point les plus larges concessions, j'étais néanmoins opposé à l'amendement, parce que je craignais qu'il ne fût l'occasion de quelque discussion fâcheuse pour les titulaires et pour les titres mêmes que l'on voulait conserver intacts.

Ce que j'avais prévu est arrivé : à la séance de la chambre des députés, du 15 janvier 1834 *, l'amendement a été vivement combattu. Ce n'était point qu'on voulût méconnaître la légalité des titres : reconnus par la charte, ils ne pouvaient être déniés par les représentans du pays siégeant en vertu de la charte ; mais on a parlé des titres avec beaucoup de dédain, et pour conclusion finale, on a dit qu'appelés à faire une loi relative à des biens soustraits au droit commun par une législation exceptionnelle, les députés n'avaient pas à s'occuper des effets plus ou moins restreints des titres de noblesse. D'autre part, en prenant la chose plus au sérieux, on a dit que l'article était inutile, attendu que la loi qui interdisait les majorats, dispensait par cela même les personnes titrées de l'accomplissement de la condition qui leur avait été imposée pour perpétuer leurs titres dans leurs familles. C'est l'avis que j'ai ouvert et qui a été soutenu par d'autres membres de la chambre. On a répondu qu'il était convenable d'exprimer ce qui paraissait être de droit.

Finalement l'article a été rejeté. Il n'en faut pas conclure que la chambre condamnait le principe formulé dans l'amendement ; non, c'est comme inutile et parce que le droit était incontestable, que l'article a été rejeté ; on reconnaissait généralement que les titres héréditaires demeuraient tels, nonobstant l'interdiction des majorats pour l'avenir et l'extinction de ceux qui avaient été constitués précédemment ; quelques personnes avaient même explicitement déclaré que, selon elles, tous les titres, sans distinction aucune, devaient être dorénavant transmissibles.

* *Moniteur,* p. 117.

Aussi M. le duc de Bassano n'hésitait-il pas à énoncer dans son premier rapport, comme une vérité reconnue, que les titres *demeuraient* héréditaires *. Il reproduisait la même pensée dans son second rapport (p. 5).

Ce que j'avais dit précédemment sur le droit d'hérédité des titres, je le répétai dans mes nouveaux développemens (p. 13), et M. de Jaubert s'exprima à son tour, dans le premier rapport qu'il fut chargé de présenter à la chambre (p. 7 et 11), de manière à montrer que les droits des titulaires n'étaient en rien altérés.

L'exposé que je viens de faire de la législation, des phases diverses qu'elle a suivies et de la dernière discussion devant les chambres, facilite la solution de la question dans ses rapports avec les différentes catégories de titulaires qu'elle peut intéresser :

1° Nous avons vu que sous l'empire, il y avait des titres de noblesse à vie, mais qu'ils pouvaient être déclarés transmissibles si les titulaires obtenaient l'autorisation de fonder un majorat, et s'ils l'instituaient en effet ; que depuis l'ordonnance du 10 février 1824, les titres conférés par le roi étaient également personnels et pouvaient devenir héréditaires à la faveur d'un majorat. Le fils aîné d'un titulaire de cette catégorie pourra-t-il porter le titre de son père ? Légalement, personne n'a autorité pour le lui interdire ; ce que j'ai dit à cet égard devant la chambre est incontestable. Mais les organes réguliers de la puissance publique seront-ils obligés de lui reconnaître le titre qu'il aura cru pouvoir s'approprier ? Leur devoir ne sera-t-il pas, au contraire, de le lui refuser ** ? Là est tout l'intérêt de la question pour celui qui prétend succéder au titre.

N'oublions pas qu'il s'agit de titres *à vie*, de titres exclu-

---

* « Vous pouvez donc, aujourd'hui surtout que les titres *demeurent héréditaires* et que la pairie a cessé de l'être, mesurer l'importance des intérêts privés auxquels la loi ferait violence en prohibant les majorats pour l'avenir. » (Page 14.)

** Par exemple dans les jugemens et arrêts, dans les ordonnances, dans les registres de la chancellerie.

sivement affectés *à la personne*. A la vérité, ils étaient susceptibles d'être déclarés transmissibles et de devenir ainsi
héréditaires ; mais il ne suffisait pas pour cela que le titulaire constituât un majorat, il fallait qu'il en fît la demande
et que le chef de l'État consentît à rendre héréditaire ce qui
était originairement viager ; le prince était libre d'accorder
ou de refuser ; encore ne pouvait-il accorder qu'en soumettant le titulaire à fonder un majorat, parce qu'ainsi le voulaient les statuts. Ceci est bien différent d'un titre *condi-
tionnellement* héréditaire, qu'il eût dépendu de la personne
qui le porterait, de rendre *définitivement* héréditaire en
remplissant une condition dont l'accomplissement aurait
été subordonné à sa seule volonté ; quand un titre est personnel, il n'est rien de plus ; quand il ne peut devenir
transmissible qu'avec le concours de la puissance publique,
il faut que cette puissance intervienne, sinon le titre reste
ce qu'il était dans l'origine.

Je confesse donc franchement que je suis allé trop loin
lorsque, devant la chambre, j'ai soutenu que tous les titres,
sans distiction de ceux qui étaient simplement personnels,
étaient transmissibles de plein droit, car je confondais
ceux qui ont été déclarés héréditaires avec ceux qui étaient
susceptibles de le devenir. Ce que j'ai dit de l'impossibilité de
remplir la condition imposée aux personnes qui voulaient
transmettre leurs titres, est exact en ce sens que l'impossibilité est réelle, car il n'y a plus de majorats à instituer.
Mais de ce que la condition ne peut plus être accomplie,
résulte-t-il que la personne revêtue d'un titre *à vie* ait le
droit de le transformer en un titre héréditaire ? Non, il s'ensuit seulement que le roi n'est plus gêné dans l'exercice de
sa puissance par la condition que prescrivaient les statuts,
et qu'il peut dès lors déclarer un titre transmissible sans
qu'il y ait besoin d'un majorat.

Je crois que c'est la seule manière logique d'apprécier les
effets de l'interdiction des majorats pour l'avenir, et il faut
que j'en sois bien convaincu, pour m'être décidé à revenir
sur l'opinion trop absolue que j'avais émise dans la commission et à la tribune.

En résumé, la personne qui possède un titre simplement *à vie* ne peut le transmettre de plein droit à son fils aîné, pas plus aujourd'hui qu'avant la loi du 12 mai ; si elle veut le rendre transmissible, elle doit en faire la demande au roi, qui a maintenant le pouvoir d'y faire droit sans imposer la condition, devenue impossible, de créer un majorat.

2° Il y a moins de difficulté à l'égard des titulaires qui, ayant fondé un majorat pour rendre leur titre héréditaire, viendraient à révoquer leur institution, dans *les* termes de l'art. 3 de la présente loi. En effet, ils ont accompli la condition, leur titre est devenu transmissible, car l'hérédité lui a été expressément imprimée par les lettres patentes. Comment donc pourrait-on changer la nature de ce titre ? Est-ce parce que les titulaires auraient volontairement révoqué les dispositions faites au moment où leur titre a été déclaré transmissible ? Mais il faut prendre garde que c'est la loi elle-même qui vient le pousser à cela : elle enlève aux majorats le caractère de la *perpétuité,* elle déplace l'intérêt de la famille ; cet intérêt avait déterminé le père de famille à fonder un majorat dans des vues d'avenir ; cet intérêt aujourd'hui commande de faire tôt ou tard une répartition égale des biens entre les enfans. On ne peut donc équitablement reprocher aux titulaires ce qui est le fait propre de la loi. En affectant les biens du majorat, en leur faisant perdre leur caractère de *substitués,* cette loi en permet la libre disposition , mais elle ne dit pas que le titre déclaré héréditaire et transmissible cessera de l'être. Lui prêter un sens pareil, ce serait récuser le témoignage des paroles proférées dans les deux chambres, où l'on a proclamé que les titres *demeuraient héréditaires;* ce serait méconnaitre le but qu'ont voulu atteindre les législateurs ; car ils cherchaient à faciliter la prompte extinction des majorats, ils ne pouvaient donc raisonnablement paralyser les bonnes dispositions des fondateurs par la crainte de perdre un titre que ceux-ci tiendraient à conserver.

3° Si ce que je viens de dire sur la deuxième catégorie des titulaires est fondé en raison et en droit, *à fortiori* peut-on l'appliquer aux personnes sur la tête desquelles viendront s'éteindre les majorats, conformément à l'art. 2. Et quand bien même on serait disposé à condamner ma précédente proposition, il faudrait encore se prononcer en faveur de la présente catégorie.

Le titre est en effet devenu héréditaire par la constitution du majorat; le fondateur n'a rien fait pour en atténuer la valeur; on ne peut adresser le moindre reproche aux possesseurs successifs, car ils sont même dans l'impuissance de faire aucun acte qui porte atteinte au majorat; c'est la loi qui s'est chargée du soin de l'éteindre. Mais en rendant le majorat temporaire, elle ne déclare pas que le titre qui a cessé d'être personnel cessera également d'être héréditaire, c'est-à-dire qu'il sera aboli; elle ne le pouvait même pas, puisqu'il y avait droit acquis.

Je ne veux cependant pas dissimuler les objections qui s'élèvent contre les solutions que je viens de donner, et qui se fondent sur des précédens auxquels on serait tenté d'attribuer quelque analogie avec les cas ci-dessus prévus.

Lorsqu'à la mort d'un fondateur de majorat, dit-on, les fils puinés ou les filles du fondateur ne trouvent point, dans la fortune libre de celui-ci, de quoi les remplir de leur légitime, le majorat est dissous et le titre qu'il devait perpétuer est déclaré éteint, uniquement parce que le majorat n'a plus d'existence. Donc la règle générale est : plus de majorat, plus d'hérédité du titre. Je ne conteste ni la justesse de la décision pour le cas spécial dont il s'agit, ni la justesse de la règle qu'on en déduit. Toutefois cette règle, par sa généralité même, n'exclut pas une exception. Ainsi, elle est incontestable sous l'empire de la législation des majorats, parce qu'on peut demander au titulaire *s'il a satisfait à la condition*, et qu'il n'est pas en droit de répondre: *La loi me l'interdit*. Mais lorsqu'une loi nouvelle intervient, et que, par un fait indépendant de la bonne ou mauvaise administration du père de famille, elle détruit les calculs de celui-ci et l'oblige à faire un retour sur la disposition *de ses biens*, on ne saurait lui appliquer les conséquences rigoureuses d'une législation qui est modifiée; et cela est vrai, à plus forte raison, quand il s'agit de l'extinction sur la tête du dernier possesseur désigné par la loi nouvelle.

On oppose, en second lieu, ce qui s'est passé lorsque, par suite des événemens de 1814, beaucoup de dotations situées à l'étranger ont été détruites et perdues. Ces dotations étaient attachées à des titres et devaient leur donner le caractère de l'hérédité. Cependant, à la mort des titulaires, on a toujours considéré les titres comme éteints; et les fils aînés, qui éprouvaient déja une perte notable dans leur fortune, ont encore perdu les titres que leurs pères avaient gagnés pour la plupart au prix de leur sang. On ne leur a donc pas tenu compte de la force majeure.

Je comprends encore cette solution, quelque rigoureuse qu'elle soit, parce qu'il n'y avait pas impossibilité *légale* de reconstituer un majorat perpétuel, et que l'on pouvait dire aux titulaires : Remplacez la dotation, et votre titre demeurera héréditaire. Mais cela n'a rien de commun avec l'état actuel des choses.

ARTICLE 2.

Les majorats, fondés jusqu'à ce jour avec des biens particuliers, ne pourront s'étendre au-delà de deux degrés, l'institution non comprise.

I. L'article 2 ne se réfère qu'aux majorats composés de *biens particuliers* ; ses termes l'indiquent, la limitation qu'ils expriment aurait suffi pour assurer la continuation des majorats ou dotations provenant du domaine extraordinaire ; mais les auteurs de la loi ont poussé la prévoyance jusqu'à faire de ces derniers l'objet d'une disposition spéciale qui est l'article 4 de la loi.

Il n'est pas nécessaire, pour que l'affranchissement ait lieu au terme fixé par l'article 2, que le majorat soit entièrement composé de biens particuliers ; il existe des majorats mixtes, c'est-à-dire formés en partie avec des biens particuliers, et en partie avec des biens du domaine extraordinaire ; or, pour ceux-là, l'extinction sera partielle, en ce sens que les biens particuliers seront libres et disponibles entre les mains du dernier possesseur désigné par notre article, tandis que les autres biens qui sont entrés dans la composition du majorat, seront régis par l'article 4. C'est une proposition qui me parait d'une évidence telle, qu'il est inutile de l'appuyer d'aucune preuve. On l'a toujours ainsi entendu dans le cours de la discussion ; les premières rédactions étaient même des plus explicites, car elles exprimaient formellement *les majorats ou* PORTIONS *de majorats fondés avec des biens particuliers, etc.* En changeant la formule, en adoptant celle que nous trouvons dans la rédaction définitive, et qui est plus correcte, personne n'a songé à dénaturer le sens du premier projet.

II. L'article 2 peut avoir pour résultat la transmission de certains majorats jusque sur la tête d'individus qui ne sont pas encore nés, et pour lesquels la loi n'avait rien à faire ; d'un autre côté, et par une sorte de fâcheuse compensation, il peut faire cesser le majorat, à une certaine époque, au préjudice d'individus qui seront en dehors du deuxième degré, et qui cependant existant au jour de la promulgation de la loi, auraient dû jouir d'un droit auquel leur naissance leur permettait de prétendre. La résolution de la chambre des députés, plus équitable, plus uniforme dans son application, déclarait aptes à recueillir, quand viendrait à s'ouvrir leur droit, tous ceux qui seraient nés ou conçus au jour de la loi. Mais la chambre des pairs a fait prévaloir un autre système ; et quelles que puissent en être les conséquences, favorables pour les uns, défavorables pour les autres, du moment que la loi fixe un terme, il n'y a pas d'autre règle à consulter.

Or quel est au juste ce terme ? Que sont les degrés dont parle l'art. 2, et comment doivent-ils se compter ? Qu'est-ce que l'institution ? Cela demande quelques explications; elles font la matière des paragraphes suivans.

III. Dans les substitutions, il y a toujours une institution, car on institue un donataire ou un héritier déterminé en le chargeant de rendre à ceux qui doivent recueillir après lui ; mais il n'en est pas de même en fait de majorats, où l'on se borne à fonder et instituer le majorat pour qu'il passe de mâle en mâle et par ordre de primogéniture , à la descendance du fondateur. C'est donc par une sorte de fiction que l'on a regardé comme représentant l'*institution* , celui qui , par le rang de sa naissance et par son existence au jour de l'ouverture du droit , se trouve appelé à recueillir le majorat en premier ordre ; et l'article 2 n'exprime qu'une chose , c'est que celui-là qui le premier a recueilli , n'est pas compris dans la supputation des degrés. Reconnaissons toutefois qu'il peut y avoir une véritable institution dans le majorat : elle existe dans les cas fort peu nombreux où un grand dignitaire de l'empire , ou bien un fonctionnaire éminent, revêtu de plein droit du titre de comte , a érigé un majorat en faveur de son fils , en vertu de l'article 2 ou de l'art. 7 du premier statut du 1er mars 1808. Le fils dénommé dans les actes d'érection est véritablement *institué*, et, l'article 2 s'appliquant *à la lettre* , il n'est pas compris dans les deux degrés au-delà desquels le majorat ne peut s'étendre.

IV. La question de savoir ce qu'on appelle un *degré* ne peut souffrir de difficulté aux yeux de ceux qui connaissent le langage des lois en matière de transmissions successives. Autant de transmissions , autant de degrés : « Les degrés de substitution , dit l'article 33 de l'ordonnance du mois d'août 1747 , seront comptés par têtes et non par souches ou générations , *de telle manière que chaque personne soit comptée pour un degré.* » C'est ce que l'on répondit , au moins en termes équivalens , à un membre de la chambre des pairs , qui demandait qu'au mot *degré* on substituât celui de *transmission ;* l'honorable rapporteur déclara que la commission n'avait pas entendu autre chose , et qu'elle avait exprimé dans le langage législatif que le majorat s'éteindrait après deux transmissions ; cette explication devait aussi lever les scrupules d'un autre membre qui objectait que l'on pouvait rencontrer deux ou trois transmissions sans sortir d'un degré ; par exemple si le majorat passait du frère aîné à son frère puîné , et successivement au troisième frère. Dans cette objection on confondait le degré avec la génération , tandis que le *degré* , en matière de substitution , n'a jamais compris qu'un seul possesseur , et non tous les possesseurs successifs d'une même génération.

Ainsi , d'après l'article 2 , le majorat ne pouvant s'étendre au-delà de deux degrés , non compris l'institution , il devra être réputé éteint , et les biens qui le composent deviendront libres , au moment où , après avoir passé du fondateur au premier appelé , de celui-ci au deuxième , ils seront parvenus, par suite du décès de ce deuxième appelé , en la possession du troisième. C'est ce troisième successeur , remplissant le second degré , qui pourra disposer librement de la propriété. N'étant pas grevé de restitution , n'étant point obligé de conserver pour un autre appelé , puisque le majorat ne s'étend pas au-delà du degré qu'il représente , le droit de disposer ne saurait lui être légalement contesté.

Ces explications sont conformes à celles qui ont été données dans la commission de la chambre des députés , et dont une note a été annexée au dernier rapport. Elles ont été connues de la chambre , et c'est en présence de ce document , devenu en quelque sorte officiel , qu'elle s'est prononcée pour l'adoption de la loi.

Du reste , elles n'ont rien de contraire au rapport du 3o mars 1835 , auquel la note était annexée , et j'en fais la remarque pour répondre aux doutes qui pourraient s'élever si on lisait avec peu d'attention un passage de ce rapport. Selon moi , les biens deviendront libres entre les mains du troisième appelé formant le deuxième degré ; de son côté , le rapporteur , M. le comte de Jaubert , a énoncé à la page 6, que « les biens composant le majorat « ne deviendraient libres qu'entre les mains *du quatrième possesseur.* » A n'en juger que sur un examen superficiel, on pourrait supposer que nous ne sommes pas d'accord sur la personne qui aura le droit de disposer des biens , et cependant nous avons exprimé en des termes différens une seule et même pensée : Oui, sans doute , c'est, en thèse générale , le quatrième possesseur qui est affranchi de la conservation des biens et de la charge de les rendre à un successeur , car le fondateur est le premier possesseur ; le second , c'est l'appelé qui représente l'institution ; le troisième forme le premier degré , et enfin le représentant du second degré est véritablement le quatrième possesseur; or c'est précisément ce représentant du second degré que j'ai signalé moi-même comme affranchi de la substitution et comme libre propriétaire des biens. S'il fallait ajouter quelque chose à ces lignes pour en démontrer l'exactitude, les exemples pris dans la réalité étant les meilleures preuves en fait d'application , je rappellerais ce qu'a dit M. le comte de Jaubert, à la page 7 de son rapport déjà cité ; il y applique la loi à une famille dans laquelle se trouvent simultanément les quatre générations , y compris le fondateur possesseur actuel , et dans laquelle par conséquent le majorat s'éteindra sur la tête de l'arrière-petit-fils de ce dernier , appelé à devenir le quatrième possesseur.

V. Peu importe qu'une partie des transmissions qui doivent s'opérer successivement depuis le fondateur jusques et y compris le deuxième degré , ait déjà eu lieu antérieurement à la promulgation de la loi; les transmissions opérées ne seront pas moins comptées. C'est ce que prouve la rédaction de l'article, qui est générale, et qui, loin d'admettre une distinction entre les majorats dont la transmission a déjà commencé , et ceux qui sont encore entre les mains des fondateurs , prend d'une manière absolue à l'égard de tous , comme point de départ , l'*institution*. C'est ce que prouverait , au besoin , le rejet d'un amendement qui avait pour objet de substituer les mots *possesseur actuel non compris* , aux mots *institution non comprise*.

VI. Y a-t-il quelques formalités à remplir pour constater que le majorat est éteint , au moment où s'accomplit le terme fixé par l'art. 2 ? En quoi consistent-elles ?

La loi n'en prescrit aucune. Mais l'intérêt même du possesseur qui veut disposer librement de sa propriété , l'invite à faire quelque chose ; car si sa propriété est affranchie *de droit* , elle est, de fait, gênée par des entraves qu'il faut lever d'une manière ou d'une autre. En effet , le majorat consiste-t-il en rentes sur l'État ou en actions de la banque ? Ces rentes , ces actions ont été préalablement immobilisées , les titres qui en constatent la propriété au profit de telle personne ou de telle famille sont frappés d'un sceau particulier qui constate leur caractère immobilier et leur affectation à un majorat ; on ne pourrait donc les mettre dans le commerce , les transférer sur la tète d'un acquéreur ou d'un donataire , sans éprouver les difficultés qui naissent de la po ition exceptionnelle de ces titres. Le majorat consiste-t-il en immeubles ? Ces immeubles ont été frappés d'une transcription spéciale sur les registres du conservateur des hypothèques ; cette transcription serait un obstacle aux dispositions que le possesseur voudrait faire par vente ou autrement. A la vérité les immeubles pourraient être vendus ou échangés, sauf à faire radier la transcription en vertu d'un jugement qui serait rendu contradictoirement avec le conservateur des hypothèques ; mais il faudrait une instruction et une procédure peut-être longue et dispendieuse pour constater l'état actuel de la famille et l'extinction du majorat par suite des transmissions qu'il aurait subies ; d'un autre côté , la même voie ne serait pas commodément praticable à l'égard du ministre des finances pour les rentes.

Qu'y a-t-il donc à faire ? Cherchons dans la législation des majorats un cas analogue à celui de l'article 2 de la loi du 12 mai , nous verrons s'il y a des règles applicables au cas prévu par cette législation. L'article 75 du deuxième statut du 1er mars 1808 , qui n'est que la conséquence du sénatus-consulte du 14 août 1806 , déclare que si la descendance masculine et légitime d'un titulaire qui aura fourni les biens composant la dotation , vient à s'éteindre, le titre demeurera supprimé , que les biens affectés au majorat deviendront libres dans la succession du dernier titulaire, et seront recueillis par ses héritiers. Lorsque le cas prévu par cet article s'est réalisé, comment a-t-on procédé ? Le décret ne contenait aucune disposition réglementaire spéciale. Mais un décret du 21 décembre 1808 , disposant pour le cas où une demande en institution de majorat aurait été rejetée ou retirée , indique la manière dont la disponibilité des rentes ou des actions de la banque de France que l'impétrant avait déclaré vouloir affecter à cette institution, est rendue à ce dernier : l'annotation d'immobilisation, faite tant sur le grand livre que sur l'extrait d'inscription, est rayée sur la présentation d'un certificat émané du conseil du sceau. Eh bien ! l'hypothèse prévue par l'article 75 du statut de 1808 se réalisant, il n'y a qu'à s'en référer au décret du 21 décembre : Le conseil du sceau, d'après l'exposé qui lui est fait et les preuves qui lui sont fournies, constate que l'extinction a eu lieu ; il fait délivrer par son secrétaire général le certificat portant qu'il n'y a plus de majorat, et les rentes ou actions de la banque sont *remobilisées*.

L'analogie avec le cas de notre article 2 est parfaite ; ici en effet il s'agit d'une extinction par un mode légal, tout comme il s'agit, d'après l'art. 75, d'une extinction par un autre mode que prévoit le statut. Cette analogie indique la marche à suivre : présenter une requête au sceau, exposer l'état de la famille, constater par des actes de notoriété que les faits sont réels, et le conseil d'administration prononcera ; il fera délivrer le certificat à la faveur duquel l'annotation d'immobilisation sera rayée.

D'autre part, s'agit-il d'immeubles dans le cas prévu par l'art. 75 du statut de 1808 ? La transcription est radiée de la manière suivante : l'art. 75 n'indique pas le moyen d'y parvenir ; mais l'art. 15 du même statut, pourvoyant au cas où la demande d'institution d'un majorat est rejetée, parce que les immeubles désignés pour son affectation ne paraissent pas réunir les conditions désirables, ordonne la radiation de la transcription préalable qui avait dû être faite ; cette radiation a lieu *sur la réquisition adressée par le procureur général* (depuis lors, le secrétaire général remplissant les fonctions dévolues autrefois à un procureur général) *au conservateur des hypothèques*. Cette marche tracée pour un cas a servi de règle pour l'hypothèse où il s'agit de l'extinction du majorat par décès. Elle doit par conséquent aussi en servir pour l'extinction qui est la conséquence de l'art. 2 de la nouvelle loi. La partie intéressée devra donc présenter sa

requête, l'appuyer des preuves et actes de notoriété conve
nables ; le conseil statuera, et après sa décision un *réquisitoire* du secrétaire général adressé au conservateur amènera
la radiation de l'inscription.

Néanmoins, il ne faut pas oublier les droits de la veuve
du dernier titulaire ; il en sera question un peu plus loin.
L'héritier qui recueille les biens composant le majorat, doit
y pourvoir, de même que l'administration doit veiller à ce
qu'ils ne soient pas sacrifiés

Toutes les demandes relatives aux objets ci-dessus doivent,
bien entendu, s'instruire par le ministère d'un référendaire
au sceau.

La marche que je viens d'indiquer ne présente pas seulement l'avantage d'une économie de temps et de dépenses ;
elle a aussi pour résultat essentiel de tenir l'administration
au courant des mutations survenues dans les majorats, et
c'est le public qui en profite ; car toutes les parties intéressées peuvent être par ce moyen nettement informées de la
condition des familles et des biens grevés à une certaine
époque par la constitution d'un majorat.

VII. Il serait possible qu'à l'occasion de demandes du
genre de celles dont je viens de parler, il s'élevât quelque
question relative, soit au droit de succession au majorat,
soit au droit que le successeur reconnu comme tel peut avoir
de réclamer à son profit l'application de l'art. 2 de la présente loi, c'est-à-dire de prétendre que le majorat s'est éteint
entre ses mains, et qu'il peut disposer des biens qui le composent. La commission du sceau, ou le conseil d'administration qui l'a remplacée, ne saurait connaître d'une difficulté de cette nature autrement que pour surseoir ou pour
déclarer que dans l'état il ne lui appartient pas d'affranchir
les immeubles ou autres valeurs composant le majorat. Qui
donc sera juge de la question ?

S'il s'agit d'une contestation entre deux ou plusieurs personnes qui prétendent à la succession des biens compris
dans le majorat, les tribunaux ordinaires peuvent seuls
en connaitre : ainsi le décident l'art. 7 du décret du 14 octobre 1811 et l'art. 29 du décret du 4 mai 1809.

S'agit-il de l'extinction du majorat? c'est encore aux tribunaux ordinaires qu'ii faut recourir. Cette solution parait sans doute très-simple, et cependant elle exige une explication. Pourquoi en effet les décisions données sur la compétence par les décrets du 4 mai 1809 et du 14 octobre 1811, si ce n'est parce que la nature toute spéciale des majorats avait fait naitre quelques doutes à l'égard de la juridiction appelée à connaitre des contestations? Nous allons voir d'ailleurs ce qui provoquait ces doutes.

L'auteur de l'institution des majorats avait voulu soustraire au droit commun les biens grevés; il voulait prévenir le démembrement, et par suite l'anéantissement des majorats; aussi tout acte de vente, de donation, d'hypothèque, passé par le titulaire, était-il déclaré nul; et si un jugement avait validé un acte de ce genre, le jugement lui-même devait être annulé par une décision du conseil d'État, rendue comme en matière contentieuse (art. 41 et 42 du deuxième statut du 1er mars 1808). S'il y avait aliénation ou échange autorisés, mais irrégulièrement consommés, c'est encore le conseil d'État qui est appelé à déclarer la nullité (art. 66, *ibid.*) En présence de pareilles dispositions, il était possible que l'on se demandât si le conseil d'État n'était pas la seule autorité compétente pour statuer sur toutes les questions qui pouvaient affecter la possession des majorats. C'est pourquoi le décret du 4 mai 1809 a expressément statué sur la compétence pour les différens cas prévus par les articles réglementaires; il en a été de même du décret du 14 octobre 1811, qui a saisi les tribunaux ordinaires du droit de prononcer entre les prétendans à la succession, et de statuer sur les réclamations des veuves quant à leur pension.

Les cas d'extinction prévus par la loi du 12 mai 1835 se trouvent tout-à-fait en dehors de la législation spéciale, et ne peuvent être décidés par aucun des décrets dont elle se compose. Je comprends que, si pendant la durée de sa jouissance un titulaire se permettait un des actes qui sont prohibés par l'art. 41 du statut de 1808, il y aurait lieu de prononcer conformément à l'art. 42; mais quand il s'agit de l'application de la loi du 12 mai, c'est pour le possesseur une question de propriété, une question qui dès lors rentre dans le droit commun.

VIII. L'art. 2, qui assigne pour terme au majorat l'époque de la transmission au deuxième degré, c'est-à-dire au quatrième possesseur y compris le fondateur, lorsque celui-ci a institué le majorat sur lui-même, ne déroge à la législation générale des majorats que sur ce point ; de perpétuel, il le rend temporaire, mais il n'empêche point l'application et l'exécution des autres règles imposées par cette législation tant que le majorat subsiste comme tel. Ainsi 1° les biens continuent à être inaliénables ; 2° ils continuent à être susceptibles d'échange avec les formalités voulues ; 3° la transmission s'opère toujours d'après les mêmes dispositions ; 4° les pensions des veuves et les droits des enfans puinés ou des filles se règlent comme par le passé ; 5° enfin les revenus des rentes sur l'État composant la dotation d'un titre , restent sujets à la retenue fixée par les décrets. Voilà autant de propositions que je vais développer dans les paragraphes suivans ; elles serviront d'exemples pour la solution des difficultés que feraient naître les dispositions transitoires de la loi du 12 mai.

IX. L'inaliénabilité est la conséquence de l'institution d'un majorat. En se soumettant à transmettre les biens à sa descendance, le fondateur s'interdit le droit de les altérer ou de les diminuer par aucune vente, par aucune hypothèque ; en les recueillant avec la charge, qui leur est inhérente, de les rendre à celui que la loi désigne, le premier appelé doit nécessairement aussi les conserver intacts. Or, il importe peu que le majorat soit perpétuel ou que de perpétuel il soit devenu temporaire par l'effet d'une loi, il n'en est pas moins un majorat, inaliénable comme la propriété frappée d'une substitution. Il conserve ce caractère d'inaliénabilité jusqu'au moment où il parvient entre les mains du dernier possesseur désigné par l'art. 2 de la loi du 12 mai. Ainsi, supposons Pierre fondateur du majorat ; Paul, son fils aîné, possède après lui, il représente *l'institution* ; Jacques recueille ensuite le majorat auquel il est appelé par son sexe et par l'ordre de sa naissance, il forme le premier degré comme je l'ai expliqué précédemment ; vient enfin Philippe, arrière-petit-fils du fondateur, représentant le second degré (il pourrait être le troisième fils du fondateur, à supposer que ses deux frères aînés eussent successivement possédé le majorat et fussent décédés sans enfans mâles). Philippe, quatrième possesseur, est celui sur lequel s'éteint le majorat au-delà duquel il ne peut s'étendre ; l'inaliénabilité est dès lors sans objet, elle ne peut plus affecter les biens qui au contraire sont pleinement disponibles. Peu importe que ce quatrième possesseur soit marié ; en effet, a-t-il contracté mariage avant la promulgation de la présente loi (événement peu probable, d'après la date des statuts qui ont organisé les majorats)? Il peut dire : La loi ne m'impose aucune condition, elle ne me charge pas de conserver pour rendre, elle me laisse donc la libre disposition d'une chose qui est devenue ma pleine propriété ; on ne pourrait me contraindre à n'être qu'un simple usufruitier sous le prétexte des intérêts de ma femme ou de mes enfans, sans ajouter à la loi , sans aller directement contre son vœu qui est de rendre au commerce le plus promptement possible les biens qui étaient affectés au majorat *. Le mariage est-il postérieur à la présente loi? La position du possesseur est encore plus favorable, son droit plus évident, et l'objection ne résisterait pas au plus léger examen ; il est fondé en effet à répondre que sa femme, ou ses parens qui ont stipulé pour elle, devaient connaître la loi et la condition dans laquelle cette loi le plaçait, et que personne n'a pu supposer que les biens du majorat, en arrivant jusqu'à lui, seraient, comme inaliénables, une garantie de l'aisance du ménage commun.

Inutile de dire que comme inaliénables les biens sont insaisissables. Ils ne peuvent être saisis que quand ils ont été rendus au commerce par suite de l'événement qui amène l'extinction du majorat aux termes de l'art. 2, ou dans les cas et selon les proportions exprimés en l'art. 52 du deuxième

---

* La question relative à la pension de la veuve de ce quatrième possesseur, dans la même hypothèse, est examinée dans le paragraphe XII ci-après.

statut du 1er mars 1808. Mais prenons garde que le droit
de saisie ne procède pas indistinctement de toute espèce de
créance; il y a sur ce point une distinction essentielle à faire :
la dette a-t-elle été contractée par le possesseur entre les mains
duquel le majorat vient s'éteindre? Il n'y a pas de difficulté,
car les biens qui composaient le majorat tombent dans son
domaine, ils lui deviennent propres, il peut les vendre ou
les hypothéquer; ses créanciers peuvent donc en poursuivre
l'expropriation, soit que leurs titres se trouvent postérieurs
à la prise de possession, soit qu'ils aient été souscrits par
le débiteur à l'époque où il n'était encore que prétendant
au majorat.

Mais si la dette procède du chef du précédent possesseur, il
faut distinguer : ou l'appelé au majorat a fait acte d'héritier,
et a pris de fait ou de droit sa part dans la succession de ce
possesseur; ou bien, ne voulant pas subir les conséquences
de la qualité d'héritier, il a répudié la succession et n'a recueilli que les seuls immeubles composant le majorat. Dans
la première hypothèse, son acceptation l'a rendu débiteur
comme s'il avait personnellement contracté sa part de la
dette, et il faut bien qu'il la paie comme il paierait la sienne
propre; nous retombons ainsi dans le cas de la précédente
proposition.

S'il a répudié la succession, il n'est pas à la place du défunt, il ne doit pas payer pour lui. Vainement lui dirait-on,
sous le rapport du droit, le seul que j'aie à examiner puisqu'il s'agit de la légalité de son refus, qu'il a recueilli le
majorat; il répondrait victorieusement que le majorat ne
dépend point de la succession, qu'il ne le tient pas du précédent possesseur. Celui-ci, en effet, n'était qu'un simple
usufruitier, il n'a pu grever le majorat ni directement ni
indirectement; ceux qui ont contracté avec lui ont dû connaître sa position et la nature des biens qu'il détenait, par
conséquent ils n'ont pu supposer un instant qu'ils auraient
ces biens pour gage de leurs avances. Les appelés qui vien-
nent à leur tour au majorat sont si peu des héritiers dans
l'acception légale, les biens composant le majorat sont
tellement en dehors du droit commun par la nature même

de l'institution, ainsi que l'exprime le préambule du principal statut du 1er mars 1808, que Napoléon se vit amené à publier un nouveau décret, sous la date du 14 octobre 1811, pour déclarer que, quant à la mise en possession après le décès du titulaire, l'héritier appelé à recueillir le majorat serait saisi de plein droit des biens qui le composent, conformément à l'art. 724 du code civil (art. 4). A la vérité ce décret parait, par son titre et par l'ensemble de ses dispositions, n'être relatif qu'aux majorats fondés par le domaine extraordinaire; mais en l'examinant comme il convient d'examiner toutes les dispositions législatives, on reconnait que l'art. 1er parle des majorats fondés avec des biens particuliers, que les art. 2 et 3, relatifs aux majorats provenant du domaine extraordinaire, leur donnent la qualification spéciale de dotations, et qu'enfin l'art. 4, parlant des *majorats ou dotations*, se réfère nécessairement aux majorats mentionnés dans la première disposition comme aux dotations mentionnées dans les autres, c'est-à-dire à toutes les espèces de majorats, quelle qu'en soit l'origine. Le décret est donc général en ce qui touche l'application de l'art. 724 du code civil.

Et comment d'ailleurs admettre que le titulaire qui vient de décéder était propriétaire, que le majorat est dans sa succession, et que le nouveau possesseur le recueille à titre d'héritier ? Il suffit d'étudier l'organisation des majorats et les règles toutes spéciales qui les régissent, pour se convaincre que le titulaire n'a que la possession utile, qu'il n'est qu'un usufruitier, et que celui qui le recueille après lui peut quelquefois n'être pas son héritier ; par exemple si, à défaut de descendant mâle (le titulaire ne laissant que des filles qui sont *exclusivement* ses héritières), le majorat passe à un frère puiné ou à un neveu de ce titulaire. Qu'y a-t-il donc ? *Un successeur au majorat*, mais non un héritier pour le dernier possesseur. Aussi l'art. 6 du décret du 24 juin 1808 fixe-t-il les droits de mutation des biens du majorat, par décès, à ceux de l'usufruit en ligne directe, et d'après ce même article le successeur ne les paie pas entièrement si le dernier possesseur laisse une veuve ; car celle-ci est chargée d'en acquitter

partie à cause de la pension à laquelle elle a droit. C'est une
affaire tellement distincte de la succession du dernier titulaire, que l'art. 6 dont je parle a expressément déclaré, pour
qu'on ne fût pas exposé à appliquer mal à propos les règles
du droit commun, que jamais et sous aucun prétexte on ne
pourrait faire appel à cette succession pour le paiement des
droits de mutation.

Je sais que l'argument qui repose sur la quotité du droit
de mutation n'est bon que pour établir la thèse générale,
car ce sera une question de savoir si le possesseur qui recueillera le majorat, non plus pour en jouir comme simple
usufruitier, mais bien comme propriétaire dans toute l'acception du terme, ne devra payer qu'un simple droit d'usufruit.
Cependant, quelque parti que prennent à cet égard les tribunaux, si la difficulté leur est soumise, ou le gouvernement, s'il juge à propos de lever les doutes par une disposition législative, il reste toujours pour vrai que traitant la
question de droit, j'ai dû invoquer un article qui concourt
à la résoudre; car si j'ai prouvé qu'à un certain degré l'appelé ne recueille pas comme héritier, qu'il n'est que le successeur au majorat, comment ne pas admettre la même
proposition à l'égard des appelés de chaque degré, qui sont,
quant au fond des choses, dans la même position?

Pour fortifier mon opinion par l'autorité d'une cour à
laquelle les lumières n'ont jamais manqué, je citerai un
arrêt de la cour royale de Paris, du 29 novembre 1816 *, qui
juge *in terminis* que la dotation des majorats n'est acquise
ni aux héritiers ni à la succession, mais à l'aîné mâle; que
la faculté de la recueillir tient à une loi d'exception parti-
culière, et ne peut être en aucune manière réglée par le code
civil; que celui qui renonce à la succession du précédent
titulaire, et ne recueille que la dotation, ne peut être tenu
des dettes de cette succession. Je conviens que dans l'espèce
il s'agissait d'un majorat formé aux dépens du domaine extraordinaire. L'autorité de l'arrêt n'en subsiste cependant
pas moins à l'égard même des majorats fondés avec des biens

* Sirey, 1817, II, 361.

particuliers, parce que, dans ceux-ci comme dans les autres, il n'est permis de consulter que les règles exceptionnelles ; que le majorat appartient non à telle ou telle personne, mais à telle ligne, et qu'il n'y a pas besoin d'être héritier du dernier titulaire *pour succéder au majorat.*

Ce n'est pas seulement la propriété qui est inaliénable et insaisissable en matière de majorats, sauf les exceptions dont je n'ai pas à m'occuper ; les revenus sont également à l'abri des saisies, et ils ne peuvent être délégués que dans certaines limites. Ainsi le veut la législation spéciale ; le deuxième statut du 1er mars 1808 est formel. Je n'ai pas à examiner les détails de cette législation ; j'ai dû seulement indiquer le point de droit, pour faire observer que la loi du 12 mai n'a pas dérogé en cette partie à ce qui s'observait précédemment, et que les appelés qui recueilleront à l'avenir jouiront de la même immunité ; en effet, tant qu'ils ne possèdent que pour transmettre, les biens ont toujours la nature de majorat, ils doivent en avoir les franchises comme les charges. Mais du moment que les biens parviennent au possesseur qui est le dernier *successeur du majorat,* et qui peut en disposer librement, les revenus, à plus forte raison, ne restent pas sous le régime exceptionnel de 1808, ils retombent sous l'empire du droit commun

X. L'intérêt public prescrivait au législateur de rendre possible l'affranchissement de certains biens frappés d'un majorat, au moyen d'une subrogation d'autres biens de même nature ou de nature différente, mais susceptibles d'immobilisation. L'intérêt particulier des familles le commandait quelquefois aussi, et il n'y avait pas de raison pour condamner les titulaires de majorats à posséder perpétuellement des biens qui auraient pu être avantageusement remplacés par d'autres. De là, l'article 56 du statut du 1er mars 1808, qui porte que le chef de l'État peut autoriser l'échange total ou partiel des biens du majorat contre d'autres, s'il y a nécessité ou utilité. Cette disposition a été empruntée au droit espagnol *. Le remploi

---

* Molina, lib. IV, cap. iii, n°s 1 et 2.

du prix des immeubles aliénés peut être fait en rentes sur l'État.

La loi nouvelle n'a rien changé à ces dispositions des décrets; d'un autre côté, elle n'avait pas besoin de les confirmer expressément, il suffisait qu'elle ne portât rien de contraire pour que l'on continuât à les appliquer. Toutefois la commission de la chambre des députés a voulu qu'il fût bien entendu que telle était la pensée de la loi, et elle a expressément chargé son rapporteur, M. le comte de Jaubert, d'exprimer son opinion sur ce point. C'est ce qu'a fait ce dernier (page 23 et 24 du rapport distribué à la chambre). La restauration n'autorisait que très-rarement la conversion des biens fonciers en rentes immobilisées, parce qu'elle tenait à maintenir ce genre de propriétés dans certaines familles; le gouvernement actuel a intérêt au contraire à multiplier les propriétaires, à rendre les mutations d'immeubles faciles; il doit donc se montrer empressé de substituer des rentes aux immeubles qui composent les majorats. Je sais que telles sont ses dispositions, conformes sur ce point au vœu émis encore par la commission.

Je cite, en terminant, ce qui a été dit à la chambre des pairs, au nom de sa commission, par M. le comte Siméon, son rapporteur, sur la question de conversion des immeubles en rentes :

« ..... Ainsi que la chambre des députés, nous n'avons pas cru qu'une disposition fût nécessaire à cet égard, le gouvernement étant en possession de permettre ces conversions. Il n'est pas besoin d'autoriser par une loi ce qui se fait déjà sans inconvénient *et avec utilité;* car la conversion en rentes remet dans la circulation les immeubles dont les rentes prennent la place; elle écarte le reproche fait aux majorats de retenir des immeubles en main-morte. »

A la question de conversion que je viens de signaler, il s'en rattache une autre : celle de savoir si, après la vente des biens fonciers, le remploi doit être fait de la totalité du prix, ou seulement d'une somme suffisante pour obtenir, soit en d'autres immeubles, soit en rentes sur l'État, un revenu équivalent à celui des objets aliénés, et en proportion avec l'importance du titre nobiliaire (on sait que le majorat doit être d'un rapport plus ou moins considérable, selon que le titre est plus ou moins élevé). La question paraît résolue par le texte même de l'art. 73 du décret de 1808, qui mentionne l'acquisition des rentes *pour le montant du remploi*. D'un autre côté, cependant, on peut dire : dans le majorat on considère moins la valeur du fonds que son revenu ; et cela se conçoit, car le revenu est tout, c'est précisément ce qui profite au possesseur, c'est ce qui doit l'aider à soutenir son rang ; ainsi, pourvu que le majorat possède toujours le même revenu, personne ne peut se plaindre.

Mais cette objection, qui paraît spécieuse, contient précisément le principe de sa réfutation ; oui, il est parfaitement exact de dire que pour le possesseur le revenu est tout, il n'a en effet d'autre droit que celui de posséder comme usufruitier ; or, comment, dans cette position, autoriser à son profit une opération qui aurait pour résultat de faire tomber dans son domaine personnel une partie du fonds du majorat ? C'est ce qui arriverait si on l'autorisait à vendre les propriétés foncières pour n'acheter des rentes que jusqu'à concurrence d'un revenu égal à celui de ces propriétés ; supposons, par exemple, un majorat de 5,000 fr. de revenu : le fonds pourrait être vendu moyennant 180 ou 200 mille francs, et si les rentes étaient au pair, le titulaire se procurerait avec 100,000 fr. le revenu dont il jouissait précédemment, c'est-à-dire qu'il bénéficierait de 80 ou de 100,000 fr. Ce serait une injustice envers la famille, envers les héritiers qui ont eu à souffrir du prélèvement occasioné par le majorat ; cela deviendrait l'occasion de spéculations odieuses.

Ainsi la question doit, en thèse générale, se résoudre en ce sens que la totalité du prix de la vente doit être employée.

Je dis *en thèse générale*, parce que bien évidemment les raisonnemens qui m'ont conduit à cette conclusion équitable et légale ne peuvent s'appliquer au fondateur, et que, relativement à lui, il paraît juste de faire une distinction. Au surplus, si le fondateur, au lieu de demander à vendre les immeubles affectés au majorat, à charge de remploi du prix, demandait à les échanger contre une rente sur l'État d'égal revenu, dont il serait déjà possesseur, cela ne ferait aucune difficulté; l'autorisation lui en serait accordée, et dans l'usage on ne s'attache qu'à la comparaison des revenus, sans rechercher quelle peut être la valeur capitale des immeubles. Ce précédent m'autorise à croire admissible la distinction que j'ai faite en faveur de celui qui aurait besoin d'aliéner préalablement les biens-fonds, pour se créer les moyens d'acquérir la rente destinée à les remplacer.

XI. La succession à un majorat ne se règle pas d'après les principes du droit commun ; c'est une véritable succession irrégulière dans laquelle la règle culminante est celle-ci : Exclusion des filles, un seul héritier pour le tout, par droit de primogéniture. Le successeur doit se trouver dans la descendance du fondateur. A son défaut, le majorat s'éteint et les biens se partagent entre les héritiers ordinaires du dernier possesseur, comme les biens personnels de celui-ci. Tel est le résultat de l'art. 5 du sénatus-consulte du 14 août 1806, des art. 35 et 47 du premier statut de 1808, 48 et 75 du même statut.

Ces dispositions m'ont toujours paru suffisamment claires et au besoin expliquées par le préambule du statut : « La nécessité *de conserver dans les familles* les biens affectés au maintien des titres impose l'obligation de les excepter du droit commun et de les assujettir à des règles particulières qui, en même temps qu'elles en empêcheront l'aliénation ou *le démembrement*, préviendront les abus, etc. »

Cependant il y a eu procès sur le point de savoir si, en cas de décès du fils aîné d'un fondateur de majorat, sans enfans mâles, le fils puîné peut réclamer le majorat à l'exclusion de ses nièces (les filles de son frère aîné). Je conçois que des enfans aient cherché à conserver la possession de biens dont leur père avait joui et qu'ils avaient pu envisager comme faisant partie de son domaine; mais ce que je comprends beaucoup mieux encore, c'est l'arrêt de la cour de Paris, du 3o juillet 1817 *, chambres assemblées, qui leur a fait perdre leur procès.

Faudrait-il juger de même aujourd'hui ? Devrait-on décider que le majorat qui peut régulièrement subir encore plusieurs transmissions jusqu'au deuxième degré, d'après l'art. 2 de la présente loi, doit successivement parcourir les degrés, *au préjudice même des filles du dernier titulaire*, tant qu'il reste dans la descendance du fondateur un enfant mâle apte à recueillir aux termes du même article? Je précise la question par un exemple : Pierre, fondateur, est décédé ; le majorat a été recueilli par Paul, son fils aîné ; celui-ci meurt à son tour, sous l'empire de la loi actuelle, il ne laisse que des filles ; Jacques, fils puîné du fondateur, existe ou bien il est également décédé, laissant un fils, Philippe ; Jacques, ou Philippe, pourra-t-il réclamer le majorat à l'exclusion des filles de Paul? On voit qu'il est au premier degré, et que par conséquent le majorat subsiste aux termes de l'art. 2.

Dans cette position, je réponds affirmativement. La nouvelle loi n'a pas aboli les majorats et rendu libres les biens qui les composent, comme cela avait été demandé dans l'origine de la proposition ; elle les a au contraire maintenus, en leur assignant toutefois une durée limitée, au lieu de la perpétuité qu'ils devaient avoir. Cette limitation n'a pu altérer la nature des majorats et leur ôter le caractère qui leur est inhérent ; car si les règles exceptionnelles qui les régissent faisaient place au droit commun, il n'y aurait véritablement plus de majorats, on détruirait par les lois générales ce que la loi spéciale a expressément maintenu ; ce serait la violation flagrante de cette loi. Je suis loin de parler ici avec prévention, puisque je désirais que les majorats prissent fin immédiatement ; mais je défends la loi, *parce que c'est une loi*, et qu'on la détruirait si l'on adaptait aux majorats les règles du droit commun.

Et qu'on veuille bien le remarquer, si à raison de la faveur que l'on croirait due aux filles du titulaire, on les

* Sirey, 1817, II, 361.

déclarait *héritières* du majorat, il faudrait aller jusqu'à dire
que dans le cas même où ces filles auraient un frère, celui-
ci ne pourrait exclusivement s'emparer du majorat, car leur
frère n'aurait pas d'autre titre que celui que lui confère la
législation spéciale. Or, si l'on nie la puissance de cette
législation dans le premier cas, il faut bien la nier dans le
second, c'est-à-dire que par des considérations et par une
vicieuse interprétation, on ferait plus que n'ont cru pouvoir
faire les législateurs, on supprimerait le droit de succession
aux majorats.

A la question que je viens d'examiner, s'en lie une autre
qui se rapporte également au partage de la succession du
père de famille fondateur d'un majorat : supposons que ce
père de famille laisse deux fils et que le majorat forme l'é-
quivalent du tiers de la totalité des biens que possédait le
défunt, c'est-à-dire l'équivalent de la portion disponible aux
termes du code civil, eu égard au nombre des héritiers. Le
fils aîné recueillera-t-il d'abord le majorat, pour partager
ensuite avec son cohéritier le surplus de la succession par
moitié, ce qui lui donnera en définitive les deux tiers des
biens de la famille? Ou prendra-t-il seulement la moitié
du tout, en faisant entrer dans son lot les biens affectés
au majorat?

La question ainsi posée peut, dans la plupart des cas, se
trouver explicitement résolue par les termes mêmes des lettres patentes qui ont érigé le majorat. En effet, la formule
invariable, depuis nombre d'années, contient la déclaration expresse que le majorat doit être transmis à l'aîné *par
préciput;* mais il n'en a pas été toujours ainsi : les majorats
étant une création nouvelle, on n'adopta pas d'abord la formule la plus claire, on a fait subir à la formule primitive
les modifications dont l'expérience a indiqué l'utilité. Dans
l'origine, les lettres patentes instituant un majorat, décla-
raient simplement qu'il était créé au profit de tel..... pour
passer à sa descendance masculine par ordre de primogéniture. Comme on le voit, c'étaient les termes du sénatus-consulte du 14 août 1806 et du statut du 1er mars 1808. Or
c'est précisément parce que l'expression de *préciput* ne se

rencontre pas dans ces lettres patentes, c'est parce qu'elle se trouve dans les autres, que le doute s'est emparé de plusieurs esprits.

J'ai vu un écrit de quelques pages, daté de 1826, dans lequel on établit très-sérieusement des propositions qui peuvent s'analyser de la manière suivante : Dès qu'il est certain que le fondateur n'a pas disposé *par préciput* du majorat, les biens qui constituent ce majorat sont toujours censés dans son patrimoine, parce qu'il est de principe qu'un majorat ne constitue pas un *préciput* dans la succession de celui qui l'a créé, à moins d'une stipulation formelle qui l'ait ainsi réglé. — Le partage de la succession doit donc se faire également, dans le cas où le majorat ne constitue pas un préciput : seulement il est convenable que le majorat entre dans la part du fils aîné.—Le père de famille, dans cette position, conserve aussi le droit de donner à qui bon lui semble la portion disponible, comme si le majorat n'existait pas.

Cela était contraire à toutes mes notions en matière de majorats, et à peine me serais-je arrêté à cette thèse qui me paraissait tout extraordinaire, si je n'avais vu l'écrit revêtu de l'adhésion de plusieurs jurisconsultes, dont l'un, après avoir exercé avec éclat la noble profession d'avocat, remplit actuellement les plus éminentes fonctions dans l'ordre politique et dans la magistrature, et dont les deux autres ont laissé pour héritage à leurs familles la plus haute réputation de science et d'habileté. Frappé de ce patronage accordé aux propositions ci-dessus, j'ai dû examiner de nouveau la question.

On a supposé qu'il est de principe qu'un majorat ne constitue pas un préciput dans la succession de celui qui l'a créé, à moins d'une stipulation formelle. Si cela était écrit quelque part, il faudrait bien se soumettre, tout en déplorant les conséquences d'un pareil principe. Mais je ne l'ai vu nulle part. Assurément, si l'on veut s'en tenir aux termes du droit commun et envisager la constitution du majorat comme une de ces libéralités qui sont régies par le code civil, on a raison de dire que le prélèvement du majorat au profit de l'aîné doit être expressément stipulé par préciput, car l'art. 843 de ce code est précis. Or, pour cela, il faudrait oublier que la législation des majorats est toute exceptionnelle, il faudrait en méconnaitre l'origine et les élémens.

Le sénatus-consulte du 14 août 1806 est la pierre angulaire de ce nouvel édifice construit à la naissance de l'empire; l'art. 5 du sénatus-consulte permet à l'empereur d'autoriser un chef de famille à *substituer ses biens libres* pour former la *dotation d'un titre héréditaire* que Sa Majesté érigerait en sa faveur, reversible à son fils ainé, *né ou à naître*, et à ses descendans en ligne directe, de mâle en mâle, par ordre de primogéniture. Où est donc, dans tout cela, le donataire qui doive accepter, qui ait besoin d'un titre particulier ? Il n'y en a pas, il est inconnu, il est souvent dans les futurs contingens. Ce qui est doté, c'est le titre héréditaire, c'est à ce titre qu'est affecté le majorat, aussi doit-il passer successivement à l'héritier du titre; c'est en ce sens et pour cette fin que la substitution a lieu, c'est pour cela encore qu'elle doit se composer de biens libres, à l'effet de n'engager ni diminuer la part héréditaire d'aucun des ayant-droit à la succession ordinaire du fondateur.

Je ne conteste pas que les biens composant le majorat ne restent dans le patrimoine du fondateur; ils lui appartiennent comme ils continuent d'appartenir après lui *à sa famille* jusqu'à leur affranchissement dans le cas prévu par la loi. Pour le fondateur, l'événement prévu par la loi, c'est le décès de celui-ci sans enfans mâles; ce peut être encore le cas où le majorat doit subvenir au paiement de la légitime des héritiers autres que l'appelé, et prend ainsi fin par insuffisance. Dans ces cas, le majorat se dissout et se partage comme toute autre espèce de succession. Mais jusque-là, le fondateur qui a créé lui-même la substitution, a rendu les biens objet de cette substitution inaliénables, il doit supporter les charges qu'il s'est imposées, il n'a plus qu'une propriété imparfaite et qui n'est plus régie par le droit commun.

Voilà ce que l'on a parfaitement compris dès l'origine; aussi le préambule du statut du 1er mars 1808, sur les majorats, préambule qui est l'explication de l'esprit des nouvelles dispositions, énonce-t-il que : « La nécessité de conserver dans les familles les biens affectés au maintien des titres, imposait l'obligation *de les excepter du droit commun et de les assujettir à des règles particulières* qui, en même temps qu'elles en empêcheraient l'*aliénation* ou le *démembrement*, préviendraient les abus, etc. »

Dans les règles que pose le statut, il n'en est aucune, je le sais, qui déclare littéralement que le majorat sera de droit recueilli par l'aîné *à titre de préciput*. Mais d'un autre côté, il n'y a aucune disposition qui, à l'instar de l'art. 843 du code civil, exige une déclaration expresse de *hors-part*, et déjà nous avons vu que le droit spécial doit être consulté à l'exclusion du droit ordinaire. Or, la législation spéciale des majorats implique nécessairement le *préciput;* le majorat, en tant que majorat affecté à la splendeur d'un titre, est un préciput véritable, qui ne peut être sujet à rapport qu'autant qu'il excède la quotité disponible.

En effet, l'art. 5 du sénatus-consulte règle l'ordre de succession au titre et au majorat, l'art. 35 du statut de 1808 en reproduit à peu près les termes.

Comment donc serait-il possible de concilier ce mode de succession, c'est-à-dire une substitution permanente qui amène les biens en la possession du fils aîné du fondateur sous le sceau de l'inaliénabilité, avec les droits de celui-ci comme héritier, avec l'intérêt de sa famille et quelquefois avec celui de ses créanciers?

En qualité d'héritier, il a au moins des droits égaux à ceux de son cohéritier ; son *privilége* de primogéniture n'aura certes pas pour résultat de le mettre, par rapport à celui-ci, dans une position d'infériorité. Eh bien ! tel serait cependant le résultat de la constitution d'un majorat, s'il n'emporte pas légalement et par lui-même le droit de préciput et hors-part. Effectivement, divisez la succession par moitié, dans l'hypothèse que nous avons faite, et le puiné aura sa moitié franche de toutes charges, entièrement disponible, tandis que le lot de l'aîné se trouvera grevé pour moitié d'une substitution. Encore si la substitution était au profit de tous les enfans qu'il aura ! Il n'éprouverait que la gêne d'un usufruitier. Mais non, elle n'existe qu'au profit de l'un d'eux, et s'il ne laisse que des filles, la substitution profite à son frère puiné, à celui-là qui déjà fut doté de la moitié de la succession paternelle. Et sans pousser aussi loin les suppositions, admettons seulement que le fondateur laisse une veuve sans fortune, celle-ci aura droit à une pension *qui sera prise sur le revenu des biens affectés au majorat*, aux termes de l'art. 48 du statut du 1er mars. Qui paiera la pension? Nécessairement le possesseur de ces biens, et d'ailleurs l'art. 50 du même statut le dit expressément; voilà donc une charge qui rompt l'égalité du partage.

Pour se soustraire à cette charge et à celle de la substitution, et pour ne pas courir la chance de voir les biens substitués passer à son frère puiné au préjudice de ses filles, renoncera-t-il au majorat, sauf à demander sa part héréditaire franche et libre? Alors que deviendra le majorat? Le fils puiné du fondateur sera-t-il obligé de le prendre, lui qui n'en peut recueillir aucun avantage, puisque le *titre héréditaire* est invariablement fixé sur la tête de l'aîné? Non certainement, et l'argument serait bien plus concluant encore si, au lieu d'un frère, l'aîné avait une sœur, c'est-à-dire un cohéritier inhabile à posséder un majorat. Dans cette position, le majorat devrait donc être annulé, détruit, et les biens rendus à la circulation; le tout au mépris de la disposition solennelle du père de famille, au mépris de la législation spéciale qui interdit le démembrement et l'aliénation des biens une fois qu'ils sont affectés au majorat.

Toutes ces conséquences découlent cependant de la proposition qui tend à placer le majorat dans la part héréditaire de l'aîné, au lieu de le regarder comme un préciput virtuellement acquis à ce dernier, indépendamment de ses droits d'héritier.

Cette proposition entraînerait encore à bien d'autres conséquences; aussi les jurisconsultes qui l'ont admise sont-ils allés jusqu'à reconnaître au fondateur le droit de donner à qui bon lui semble la portion disponible, comme si le majorat n'existait pas. Voilà jusqu'où peut mener une thèse erronée. Non certes, le fondateur n'a pas le pouvoir qu'on lui prête : le majorat ne peut être composé que de biens libres et susceptibles d'être frappés de substitution ; une fois engagés dans les liens du majorat, ils ne sont plus dans le commerce, ils deviennent inaliénables, et l'on m'accordera que le fondateur ne peut faire indirectement ce qu'il ne pourrait faire directement, c'est-à-dire détruire le majorat par l'effet d'une *donation* de la portion disponible, lorsque déjà la portion disponible se trouve épuisée par la constitution du majorat.

Toutes les conséquences que j'ai signalées ruinent le système auquel elles se trouvent inévitablement attachées, et nous ramènent forcément au vrai : le majorat est lié au titre, le titre ne peut appartenir qu'à l'aîné de la famille; mais celui-ci ne devient que possesseur et dépositaire des biens, à charge de les transmettre à un successeur désigné par la loi ; c'est justement parce qu'il n'a pas une propriété libre et indépendante, qu'on ne peut la comprendre dans sa part héréditaire. Il doit prendre le majorat d'abord, à cause de son droit d'aînesse et de masculinité, et en vertu des règles relatives à cette succession irrégulière ; le sort de la *dotation* du titre ainsi déterminé, la successsion se partage entre les ayant-droit.

XII. Les statuts et décrets impériaux ont pourvu premièrement au sort des veuves des fondateurs ou titulaires de majorats, en leur assignant des pensions sur les revenus des majorats * ; secondement, au sort des frères puinés et des sœurs des appelés, en leur donnant le droit, savoir : de réclamer leur légitime lorsqu'il s'agit de la succession du fondateur, de réclamer des alimens jusqu'à leur majorité lorsque le majorat est transmis par un titulaire, second ou troisième possesseur, qui ne laisse pas de biens personnels, mais seulement pendant la minorité du nouvel appelé et pourvu que la dotation provienne du domaine extraordinaire **.

* Le principe du droit des veuves se trouve dans l'article 48 du statut du 1er mars 1808. V. le décret du 24 août 1812.

** Les enfans du fondateur trouvent leur droit écrit dans l'article 40 du statut du 1er mars 1808. Ce statut ne pouvait accorder le même droit aux

Or, les premières résolutions de la chambre des députés contenaient un art. 6, conçu en ces termes : « Dans tous les cas, les droits qui pourraient être acquis aux veuves, et les actions des frères et sœurs de l'appelé, demeurent réservés. » Cette disposition précise ne se retrouvant pas dans la loi, faut-il en conclure que les droits que nous voulions expressément consacrer et faire valoir ont été sacrifiés et proscrits ?

Nullement : on va connaitre les motifs qui ont déterminé le rejet de l'article *comme inutile* : « Au lieu des art. 2, 3, 4, 5 et 6, disait le rapporteur à la chambre des pairs, nous en proposons un seul qui dispenserait de l'énumération de toutes ces exceptions, et qui, avec plus de brièveté et de clarté, ce me semble, *maintiendra tous les droits qu'elles sont destinées à conserver.* » Cet article est celui qui maintient les majorats jusqu'au second degré. Le nouveau rapport soumis à la chambre des députés, après la résolution de la chambre des pairs qui modifiait le projet, a été encore plus explicite sur ce point :

« Quant aux droits des veuves et aux actions des frères et sœurs, que l'art. 6 du projet avait eu en vue, ils sont implicitement réservés par ce seul fait que les majorats maintenus par l'art. 2 continueront nécessairement à être régis jusqu'à la libération des biens sur la quatrième tête, par les statuts impériaux constitutifs des majorats. Or, ces statuts assurent les droits des veuves, etc. »

Le raisonnement du rapporteur est exactement vrai ; c'est celui qui doit dominer dans l'examen de toutes les questions qui peuvent naitre de la présente loi ; il ne faut jamais oublier que les majorats sont maintenus jusqu'à une certaine époque, et que par conséquent ils le sont avec leurs charges comme avec leurs avantages.

---

enfans puinés du premier possesseur qui a recueilli après le fondateur, puisque le majorat ne faisant point partie de la succession de ce possesseur, on ne peut exercer sur les biens qui le composent les actions en légitime qui ne s'exercent que sur des biens de l'hérédité. Le décret du 24 août 1812, art. 17, a pourvu au sort des mineurs pour certains cas.

L'art. 49 du deuxième statut du 1er mars 1808 détermine la quotité de la pension proportionnellement avec les revenus du majorat. Avant d'examiner les questions qui ressortent de la législation spéciale des majorats combinés avec la présente loi, je demande de quelle manière se posent les bases de la pension : je suppose que le majorat comprenne des biens d'une valeur telle, comparativement aux autres biens laissés par le fondateur, que le fils aîné appelé à le recueillir ne puisse le conserver qu'en le prenant pour son précipat et en même temps pour la part que lui réserve la loi dans la succession ; la veuve du fondateur pourra-t-elle demander que le tiers qui lui revient dans les revenus à titre de pension se calcule sur la totalité du majorat, et non pas seulement sur une quotité égale au préciput? Le nouveau titulaire devra-t-il souffrir le prélèvement du tiers même sur sa portion héréditaire dont l'adjonction au préciput a seule pu sauver l'existence du majorat? Pour fixer la pension équitablement et selon l'esprit de la loi, faut-il seulement allouer à la veuve une somme telle que, réunie à son revenu personnel, elle atteigne la quotité fixée par la loi? En d'autres termes, doit-on, dans la fixation, tenir compte du revenu personnel de la veuve, et réduire d'autant le tiers qui lui revient dans celui du majorat?

Ces questions ont été résolues affirmativement par un arrêt de la cour d'Agen du 11 janvier 1825 *, et je crois que sur le premier point, cette décision sage est conforme à la loi. En effet, le majorat peut bien être entamé ou réduit par les réserves légales; la conséquence de la réduction, c'est la dissolution du majorat lui-même; elle doit être prononcée aussitôt qu'il y a lieu, afin que ceux qui sont appelés à profiter du retranchement puissent librement disposer des biens. Mais on comprend que le retranchement ne saurait être demandé que par les parties intéressées, par celles au profit desquelles la loi a établi une réserve ou légitime; or, quand l'un des héritiers, appelé à recueillir le majorat, désintéresse ses cohéritiers et consent à cumuler sa part héréditaire avec

* Sirey, 1827, II, 56.

la portion disponible qui lui est laissée comme ayant droit
au majorat, qu'il ne le fait que dans le seul but de maintenir le majorat, il n'est pas recevable à prétendre que ce
majorat ne se compose que d'une certaine portion ; le majorat subsiste comme majorat, et en cette qualité il est affecté à la pension, sans qu'il soit possible de distinguer et
d'en affranchir une partie.

Mais je ne partage pas l'avis de la cour d'Agen sur le second point. L'art. 48 du statut déclare que la veuve a droit
à une pension ; l'art. 49 y met une condition, c'est que la
veuve n'aura pas dans ses biens personnels un revenu égal à
celui que la pension lui eût donné : si elle trouve ce revenu
dans ses propres ressources, elle n'a plus rien à réclamer ;
si au contraire elle ne l'a pas, son droit subsiste, et le décret
n'y met aucune restriction, l'exception ne peut lui être op-
posée. On ne saurait la lui opposer en partie pas plus qu'en
totalité. L'équité parait commander une imputation de la
nature de celle qui a été faite par l'arrêt de 1825 ; mais la loi
spéciale ne s'y prête nullement, et en pareil cas l'acte équitable n'est pas autre chose qu'une illégalité. A une certaine
époque, les veuves d'officiers généraux n'ont eu droit à une
pension sur l'État qu'autant que leur revenu était inférieur
à 2,000 fr. Comment s'exécutait cette disposition? La justification une fois faite que la veuve n'avait pas le revenu qui
devait l'exclure du droit de recevoir l'assistance du gouvernement, exigeait-on qu'elle donnât le chiffre de son revenu
pour ne lui payer que le complément de manière à atteindre
les 2,000 fr. ? Jamais. Or l'analogie me parait exacte. Pas
plus que les lois de l'administration de la guerre, les décrets
relatifs aux majorats ne disent que la veuve d'un titulaire
jouira d'un revenu annuel composé d'abord de son avoir
personnel, ensuite d'un complément fourni par le débiteur
de la pension ; ils portent que la veuve aura sa pension si
elle n'en trouve pas l'équivalent dans ses biens personnels.
Donc, à quelque somme que s'élève son propre revenu, elle
a droit à la pension intégrale, pourvu que ce revenu soit
inférieur au taux de la pension.

J'arrive aux questions transitoires.

La veuve du dernier appelé aux termes de l'art. 2 de la présente loi peut-elle prétendre à une pension? Si l'origine de l'institution des majorats était assez ancienne pour que l'on pût supposer marié antérieurement à la promulgation de cette loi le successeur du deuxième degré entre les mains duquel le majorat vient prendre fin, la question serait sans difficulté; la veuve aurait acquis son droit sous l'empire de la législation spéciale, et pour elle le majorat devrait être censé subsister encore, il resterait soumis à son égard à toutes les charges et conditions dérivant de l'institution; mais le mariage n'étant contracté que depuis la promulgation de la loi du 12 mai, pendant que le majorat marche vers son extinction, l'épouse du futur titulaire ne peut dire, au moment où les biens arrivent en la possession de celui-ci, qu'elle a dû les considérer comme grevés; elle n'a pu ignorer ni la loi, ni la position de son mari, ni la condition des biens qui étaient susceptibles de lui échoir. Vis-à-vis d'elle, il n'y avait plus de majorat dans l'avenir; la loi a parlé, les biens ne pouvaient rester grevés d'aucune restitution. Si en contractant mariage elle voulait qu'il en fût autrement, si elle voulait songer à son avenir, elle devait faire ses stipulations dans son contrat, et convenir qu'un usufruit lui serait accordé.

Il en est autrement à l'égard de la veuve du titulaire représentant le premier degré, c'est-à-dire du troisième possesseur, quelle que soit l'époque de son mariage. En effet, pour elle comme pour son mari, le majorat était toujours majorat avec son caractère spécial et ses règles exceptionnelles. En même temps que son mari devenait titulaire, c'est-à-dire simple usufruitier avec la condition de transmettre à un successeur, elle acquérait un droit de survie, et les biens ne pouvaient passer à d'autres qu'avec cette charge.

Si donc le dernier successeur indiqué par la loi actuelle peut disposer des biens composant le majorat, ce ne doit pas être au préjudice de la veuve de son prédécesseur, lorsqu'il y en a une; et je pense que l'administration du sceau, avant de déclarer que le majorat est dissous et que les rentes ou actions de la Banque sont *rémobilisées*, ferait prudemment * de demander la preuve du décès de la veuve du précédent titulaire ou tout au moins son consentement à la dissolution du majorat, consentement qu'elle ne donnerait sans doute qu'après avoir pris ses sûretés. Je pense en outre que si le majorat avait été déclaré dissous nonobstant ses droits, la veuve serait fondée à se pourvoir devant les tribunaux pour obtenir que des garanties lui fussent données contre le détenteur des biens affranchis, soumis en cette qualité de détenteur à toutes les charges énoncées en l'art. 50 du statut du 1er mars.

Il me reste à examiner quel doit être le taux de la pension de cette veuve (celle du troisième possesseur). A la vue de cette question, on se hâtera peut-être de répondre qu'elle sera du tiers du revenu. Telle est aussi mon opinion : il ne faut cependant pas oublier que l'art. 49 du statut du 1er mars porte que la pension sera de la moitié du produit *si le majorat est éteint*. De là nait une objection sérieuse : la veuve ne peut-elle pas dire en effet que, quoique l'art. 49 n'ait pu avoir en vue le mode d'extinction créé par l'art 2 de la présente loi, sa disposition étant générale, il faut l'appliquer à tous les cas d'extinction prévus ou imprévus, que le majorat est éteint au moment du décès du troisième possesseur son mari, et ne peut-elle pas en conclure qu'elle a droit à une pension de moitié? Si la loi était à faire, rien de mieux que d'assimiler ce cas à ceux qui trouvent leur solution dans l'art. 49, car l'affranchissement des biens entre les mains du quatrième possesseur est pour celui-ci un grand avantage, et on pourrait y faire participer la veuve du précédent possesseur. Mais il ne s'agit pas de faire une loi, nous raisonnons pour appliquer celle qui existe. Or, le majorat est si peu éteint, que c'est comme tel qu'il passe entre les mains du titulaire du deuxième degré, que la succession en ce moment est régie par toutes les règles relatives aux majorats, que le titulaire ne peut en disposer avant d'avoir

---

* Je n'entends pas que ce soit pour elle une obligation et qu'il s'attache à l'inaccomplissement de la formalité la moindre responsabilité. Ce ne serait qu'un acte officieux.

fait reconnaître qu'entre ses mains les biens sont susceptibles d'être rendus au commerce, et que si cet affranchisse-
sement a lieu, c'est parce que la charge de rendre a cessé.
Autre chose est quand le majorat s'éteint dans les termes
de l'art. 49 du statut; car alors le majorat finit réellement avec celui qui le possédait en dernier lieu, il perd son
caractère à l'instant, et à tel point qu'il se transmet, non à
un privilégié, mais à tous les héritiers du dernier titulaire,
comme un bien rendu au droit commun. Ainsi, malgré
l'objection, je persiste à croire que le droit de la veuve se
réduit au tiers.

Qu'on me permette une remarque sur les solutions qui
précèdent. J'ai examiné la question de savoir si l'épouse du
quatrième possesseur peut prétendre à la pension en cas de
viduité; j'ai aussi examiné celle de savoir si la veuve du
troisième possesseur avait droit à la moitié ou seulement au
tiers du revenu du majorat; j'ai dit, à l'occasion de la première question, qu'il n'y avait plus de majorat existant à
l'égard de la veuve, et, à l'occasion de la seconde, que le majorat subsistait comme tel et passait en raison de cela au
dernier successeur. On pourrait me reprocher une contradiction, je viens au-devant de cette objection, et je m'explique.

Lorsque le troisième possesseur décède, le majorat n'est
réellement pas éteint, je crois l'avoir démontré. Mais de ce
qu'il conserve encore tout juste ce qu'il lui faut d'existence
pour arriver jusqu'au nouveau successeur, il ne s'ensuit
pas qu'il doive rester toujours soumis à l'empire de la législation des décrets; au contraire, le dernier successeur est
libre de disposer des biens qui le composent. C'est en ce sens
que j'ai dit qu'il n'arrivait entre les mains de celui-ci que
pour y perdre la vie qu'il avait eue jusque-là, que la femme
du dernier successeur ne pouvait l'ignorer, et *qu'à son égard
le majorat n'avait plus d'avenir.* La contradiction n'existe
donc pas, puisque l'une de mes assertions n'est que relative.

XIII. L'art. 6 du deuxième statut du 1er mars 1808 a soumis
à une retenue annuelle du dixième les revenus d'un majorat

qui consiste en rentes sur l'État ou en actions de la Banque ; il a prescrit le remploi de ce dixième en valeurs de même nature au profit du titulaire et de ceux qui seront appelés après lui. Le but de cette disposition était d'augmenter successivement le chiffre du revenu, de manière à rendre insensible aux générations futures la dépréciation de l'argent ; le chiffre s'élevant, le majorat devait avoir toujours une valeur égale relativement aux objets de consommation. Un décret a été rendu pour son exécution, le 4 juin 1809, du moins en ce qui concerne les rentes sur l'État. D'après ce décret, si le majorat a été formé de rentes, les neuf dixièmes de l'inscription doivent être portés au compte du titulaire, et l'autre dixième à un compte particulier nommé *compte d'accroissement*. Les arrérages de ce dixième sont touchés par la caisse d'amortissement et employés par elle en acquisition de nouvelles rentes ; lorsque le chiffre de ces nouvelles rentes est assez élevé, on en distrait de quoi augmenter l'inscription du titulaire d'un dixième au-delà de sa quotité primitive ; mais le premier dixième qui a été retenu est encore conservé au *compte d'accroissement*, de manière à toujours opérer le même accroissement successif au profit de l'inscription du titulaire.

Il est bien évident que la raison qui a déterminé la mesure ci-dessus n'existe plus ; la retenue est aujourd'hui sans motif, il est fort inutile de pourvoir à l'augmentation progressive de l'inscription, lorsqu'il ne doit plus s'écouler avant l'extinction d'un majorat un temps assez long pour que l'on craigne une diminution sensible dans la valeur de l'argent ; le *compte d'accroissement*, qui devait profiter à tous les degrés à perpétuité, ne peut plus avoir d'autre résultat que d'enrichir le successeur du deuxième degré entre les mains duquel la rente deviendra disponible.

Cependant les titulaires n'en doivent pas moins subir la position que leur ont faite les décrets de 1808 ; que pourraient-ils exiger, en effet, au-delà de ce qui leur est accordé ? Ils ne sont en possession que d'une inscription représentant les neuf dixièmes de la rente primitivement affectée au majorat, inscription accrue, autant que cela a pu se faire, par les arrérages de l'autre dixième. Quant à ce dixième qui a été distrait de l'inscription primitive, il est porté au compte d'accroissement, il est possédé par la caisse d'amortissement qui cumule les arrérages et les convertit en nouvelles rentes; le titulaire n'a donc pas le titre pour s'en prévaloir, et la caisse d'amortissement ne peut s'en dessaisir à moins qu'une loi n'intervienne pour changer ce régime.

XIV. Il me reste une question à examiner. L'art. 6 du décret du 24 juin 1808 porte que « les mutations par décès « des biens composant un majorat ne donneront ouverture « qu'à un droit égal à celui qui est perçu pour les transmis- « sions de simple usufruit en ligne directe. »

L'appelé remplissant le deuxième degré, c'est-à-dire cet appelé qui n'est pas grevé de la charge de conserver et de rendre , et qui succède au *majorat* avec le droit de disposer librement des biens dont il est composé, pourra-t-il pré- tendre qu'il n'est soumis qu'au simple droit d'usufruit? S'il ne fallait consulter que la lettre de l'article ci-dessus, il aurait infailliblement raison; car il est *appelé*, et il recueille un *majorat* au préjudice de ses cohéritiers; mais prenons bien garde qu'il ne doit pas être simplement *usufruitier*, et qu'en recevant les avantages de la pleine propriété, il ne saurait se soustraire à ses charges. L'art. 6 du décret du 24 juin 1808 n'a statué que pour le cas où le majorat se continue pour être transmis et *possédé* au même titre; aussi ne pourrait-on raisonnablement l'invoquer lors de la dis- solution du majorat par l'extinction de la descendance mas- culine; ici une sorte d'analogie doit conduire aux mêmes conséquences. Cependant, comme il s'agit d'une question fiscale et que le droit de l'administration ne saurait jamais être trop clair, le gouvernement ferait acte de prudence en allant au-devant des contestations; les instructions les mieux motivées, données aux agens de l'enregistrement, ne vaudront jamais une loi précise, et il serait convenable de provoquer cette loi.

XV. A la question fiscale que je viens d'examiner, il s'en rattache une autre de moindre importance.

Aux termes des statuts, tout successeur à un majorat doit

se faire reconnaître au sceau en cette qualité, et obtenir comme tel un brevet d'inscription qui est soumis à des droits de sceau proportionnés au majorat et au titre.

Le successeur entre les mains duquel les biens doivent être libres sera-t-il soumis à ces droits?

Incontestablement oui, s'il réclame de l'administration un brevet d'inscription en qualité de successeur au majorat et au titre, car il ne peut obtenir gratuitement ce qui est pour tous l'objet d'un paiement.

La question est donc de savoir si le successeur est obligé de se faire reconnaître par le sceau, ou tout au moins s'il y a pour lui quelque utilité à faire cette démarche. Or, l'utilité est évidente lorsqu'il s'agit d'un majorat constitué en rentes sur le grand livre, car le possesseur reconnu a dès lors le droit de toucher les arrérages, et jusque-là on pourrait lui objecter qu'il est sans titre. D'un autre côté, l'utilité n'est pas moins évidente, soit qu'il s'agisse de rentes, soit qu'il s'agisse d'immeubles, lorsqu'on veut en obtenir la libre disposition; en effet, j'ai démontré précédemment que la présentation d'une requête au sceau était la voie la plus prompte pour obtenir la rémobilisation de la rente ou la main-levée de l'inscription spéciale consignée sur le registre des hypothèques pour l'immeuble.

ARTICLE 3.

Le fondateur d'un majorat pourra le révoquer en tout ou en partie, ou en modifier les conditions.

Néanmoins, il ne pourra exercer cette faculté s'il existe un appelé qui ait contracté, antérieurement à la présente loi, un mariage non dissous ou dont il soit resté des enfans. En ce cas, le majorat aura son effet restreint à deux degrés, ainsi qu'il est dit dans l'article précédent.

I. J'ai eu l'occasion de faire remarquer, dans la notice historique, que l'art. 3 est né d'un amendement proposé lors de la discussion devant la chambre des députés, en 1835. Cette chambre avait fixé à six mois seulement le temps pendant lequel le fondateur pouvait exercer le droit de révocation; la chambre des pairs a supprimé ce délai et reconnu le droit indéfini, sans autre terme que celui de la vie. On ne peut qu'applaudir à cette mesure, sans approuver cependant le motif principal qui parait l'avoir déterminée, et qui fut ainsi exposé par le vénérable rapporteur de la chambre des pairs : « Pourquoi ce bref délai de six mois accordé aux fondateurs.........? On a prescrit, dit-on, ce délai de six mois pour que le sort des biens ne restât pas long-temps en suspens; mais ils n'y sont pas; ils existent encore librement dans les mains du fondateur, comme toutes les autres parties de son patrimoine. L'appelé auquel il a destiné le majorat, s'il n'est pas marié, n'a pas le droit que le projet accorde équitablement au mariage. Le fondateur doit donc pouvoir, dans un an, dans deux, et pendant toute sa vie comme dans six mois, révoquer le majorat, *établir*, non pas *rétablir*, entre ses héritiers l'égalité; car elle n'est pas rompue, elle ne le sera que lorsque sa mort aura ouvert le majorat, ou si, avant son décès, l'appelé s'étant marié, a acquis un droit aux enfans à naître de son mariage.

« Aurait-on confondu un majorat avec une donation entre-vifs, acceptée et irrévocable ? En ce cas, on ne pourrait pas même le modifier. Le majorat n'est qu'une disposition à cause de mort, révocable de sa nature, etc. »

Partant de cette donnée, le rapporteur a dit encore que l'exception faite dans l'intérêt de l'appelé *marié*, était pour celui-ci une véritable faveur.

Si le majorat était révocable de sa nature, non seulement l'article 3 eût été inutile, mais il eût même été injuste, car son but et sa conséquence nécessaire auraient été de priver le fondateur d'un droit positif; l'article eût été d'ailleurs des plus impolitiques, puisqu'il aurait eu pour résultat d'empêcher l'exercice de ce droit dans un moment où l'on désirait la prompte extinction des majorats; à ces divers titres, il aurait été impossible de l'accepter.

Dans la réalité, le majorat, tel qu'il est institué par notre législation spéciale, est irrévocable. On l'a comparé aux substitutions, pour en conclure qu'il est sujet à révocation.

Sans doute une substitution pouvait être révoquée. Voyons toutefois dans quel cas et à quelle condition. Etait-elle contenue en un testament? Point de difficulté. En une donation entre-vifs? Elle pouvait, comme la donation elle-même, être révoquée jusqu'à l'acceptation de la donation, ou pour toutes les causes de révocation autorisées par les lois de la matière.

Si la donation était devenue, par l'effet de l'acceptation, complète et par conséquent irrévocable, c'était une question de savoir si la substitution pouvait être révoquée par le donateur, tant que le substitué n'avait pas accepté lui-même. On admettait l'affirmative avant l'ordonnance de 1747, et on a continué de le juger ainsi dans les parties de la France où ne fut point enregistrée cette ordonnance. Mais, aux termes de son art. 11 (du titre 1er), il a suffi que la donation fût parfaite entre le donateur et le donataire, pour que la substitution fût irrévocable à l'égard des appelés, acceptans ou non.

On peut en dire autant des institutions contractuelles (art. 12 de l'ordonnance de 1747).

Tel était donc, en dernier lieu, le droit commun de la France, puisqu'il s'observait dans le ressort des cours souveraines d'Aix, de Besançon, Bordeaux, Dijon, Douai, Grenoble, Metz, Paris, Pau, Rennes, Rouen et Toulouse (parlemens); d'Alsace et de Roussillon (conseils souverains). Concluons-en que la *révocabilité* n'était point la règle pour les substitutions, et qu'au contraire, dans les actes parfaits d'institution contractuelle et de donation entre-vifs, elles acquéraient un caractère d'*irrévocabilité* incontestable.

Il ne fallait pas que l'on se bornât à comparer les majorats aux substitutions, il fallait remonter aux majorats pratiqués depuis des siècles en Espagne.

Dans ce pays, chacun peut instituer un majorat librement; la permission du prince n'est pas nécessaire, elle ne le devient qu'autant que l'instituant veut excéder certaines limites dans sa libéralité. Le majorat peut être institué par contrat ou par acte de dernière volonté. (Molina, l. II, chap. 11, nos 10 et 22). Ce majorat est-il révocable? En règle

générales, oui ; Molina professe que de sa nature le majorat
est révocable, et il ne distingue pas entre les majorats
institués par testamens et ceux qui étaient fondés par contrats, avec ou sans la permission du prince. Cependant cette
règle est susceptible d'exceptions.

« *Sed ea primogenia quæ ex contractu instituuntur, pos-
sunt multipliciter irrevocabilia fieri* » (id., liv. IV, chap. II,
n° 2, § dernier). Entre autres cas d'irrévocabilité, l'auteur
espagnol auquel j'emprunte cette citation, indique le suivant : « *Secundus casus..... in quo majoratus irrevocabilis
efficitur, est quandò in regiá facultate quæ ad institutionem
majoratus conceditur, expressè præcipitur ut semel majoratu
instituto ampliùs revocari non possit. Nàm si hujus facultatis
virtute, majoratus in contractu instituatur, majoratus irrevocabilis fiet* » (ibid., n° 54). C'est aussi le sentiment de
Pierre Peralta, autre jurisconsulte espagnol, cité par
Molina.

Mais le majorat institué avec la clause royale d'irrévocabilité, ne devient-il irrévocable qu'après l'acceptation du
premier appelé? Molina soutient l'affirmative, il avoue
cependant que ce n'est pas une opinion généralement reçue
(Ibid., n° 58 à 65).

Il me reste à examiner de quelle influence peuvent être
ces données sur nos majorats tels qu'ils ont été permis par
les statuts de 1808.

En France, les majorats ne pouvaient s'instituer librement
comme en Espagne, comme on le faisait autrefois dans notre
pays à l'égard des substitutions. Ils étaient subordonnés à
la concession du prince. Telle était leur *première condition*
d'existence. Quant à la forme, il ne s'agissait ni de testament, ni de contrat, ni de donation entre-vifs sujette à
acceptation. L'érection du majorat peut être considérée
comme un acte public émané du prince ; le titre de création
était une ordonnance rendue sur demande, et l'on serait
autorisé à dire qu'il se formait un contrat entre la puissance
publique qui, après avoir conféré un titre, agréait la dotation de ce titre, et le citoyen qui avait demandé à fournir
la valeur de la dotation.

Que l'on dise d'un testament qu'il peut être révoqué, à la bonne heure. Qu'on en dise autant d'une donation, avant l'acceptation, ou pour des causes prévues par la loi, soit encore.

Mais lorsqu'un particulier, dans des vues d'avenir pour sa famille, s'engage à créer un majorat, et qu'une ordonnance, ou un décret, rendue plutôt dans des vues politiques que dans un intérêt particulier, déclare la fondation acceptée, que cette ordonnance est suivie de lettres patentes, il est difficile de comprendre qu'il dépende de celui qui a sollicité l'intervention de la puissance publique, de récuser plus tard cette puissance, et de se dégager comme il le ferait à l'égard d'un acte tout ordinaire.

Tel n'a pu être l'esprit des décrets en matière de majorats. Il aurait fallu, pour autoriser la révocation, une disposition expresse, et cette disposition ne se trouvait dans aucun des décrets impériaux.

Ce que n'ont pas fait ces décrets, une loi nouvelle pouvait le faire ; elle pouvait donner aux fondateurs une faculté qui s'accordât avec les mœurs de l'époque, pourvu qu'il n'y eut aucune atteinte portée, même indirectement, à des contrats qu'il serait possible de supposer avoir eu pour cause impulsive l'existence d'un majorat. Notre article 3 y a sagement pourvu.

11. Dans quelle forme peuvent être faites les révocations autorisées par l'art. 3 ? Voici ce que j'écrivais dans la note annexée au dernier rapport présenté le 30 mars 1835 à la chambre des députés : « Peut-être eût-il été convenable de dire que les révocations et modifications autorisées par l'art. 3 seraient faites dans la forme usitée pour les testamens ou pour les actes authentiques. Si je n'ai pas insisté pour qu'une disposition *ad hoc* fût insérée dans la résolution, c'est parce qu'en droit commun une volonté peut être exprimée de l'une ou de l'autre de ces manières, et que, pour le répéter dans une loi spéciale, seulement dans le but de prévenir le doute, j'aurais exposé la loi elle-même à un ajournement que je veux éviter. »

Ce que je disais alors, je le crois encore vrai et je ne

doute pas que le fondateur, libre de révoquer le majorat
qui déclarerait sa volonté de la manière ci-dessus indiquée
ne fit un acte légal, obligatoire pour sa succession, sauf
ses héritiers à prendre leurs mesures pour faire affranch
les immeubles ou les rentes affectés au majorat.

Cependant il y a un autre moyen d'arriver au même but
il a déjà été employé, plusieurs demandes sont en instruc
tion, quelques unes ont même été suivies de solution. C
moyen consiste à présenter au sceau une requête signe
d'un référendaire, pour déclarer que, comme fondateur, o
entend expressément révoquer et annuler ses précédent
dispositions. A cette requête il faut joindre les actes d
notoriété et autres pièces propres à justifier que le réclamar
ne se trouve pas dans le cas de l'exception *contenue* au se
cond paragraphe de l'art. 3. Sur le rapport qui est fait, un
ordonnance déclare le majorat dissous; ensuite un certi
ficat est délivré par le chef de la division des affaires civile
et du sceau, et visé par le secrétaire général du ministèr
de la justice, pour faire opérer la *rémobilisation* des rent
ou actions de la Banque, si telle est la composition du ma
jorat; quand il s'agit d'immeubles, un réquisitoire es
adressé après l'ordonnance, par le secrétaire général, a
conservateur des hypothèques pour faire rayer la transcrip
tion. L'ordonnance royale de révocation est insérée au *Bu*
letin des Lois.

Quelle est, de ces différentes voies, celle qu'il faut em
ployer de préférence? La plus prompte sans doute et la plu
expéditive. Sous ce dernier rapport, on pourrait croire qu
le testament ou l'acte authentique portant révocation son
préférables; il est vrai que rien n'est plus facile que de con
stater ainsi sa volonté; mais le fondateur qui aurait pro
noncé la révocation de son majorat, ne pourrait encor
aliéner ses biens ou en disposer autrement, sans éprouve
quelques obstacles; il en serait de même pour ses héritiers
Il resterait, en effet, le sceau de l'immobilisation imprime
aux rentes ou aux actions de la Banque, ou bien la mention
de l'affectation spéciale sur les registres des hypothèques,
mention qui forme obstacle à la libre disposition des im-

meubles. Pour avoir la main-levée de cette incription, il faudrait ou appeler le conservateur devant les tribunaux et la faire ordonner, contradictoirement avec lui, aux frais du demandeur, ou bien obtenir un réquisitoire de la chancellerie, en faisant les justifications nécessaires; pour la *rémo-bilisation* des rentes ou actions, il faudrait également remplir des formalités. Or, on obtient tout cela comme conséquence de l'ordonnance qui déclare le majorat dissous, en s'adressant immédiatement au sceau pour faire constater la révocation. C'est assez dire que ce mode est celui auquel on doit s'attacher de préférence.

Il n'en reste pas moins vrai que dans certaines circonstances les testamens ou les actes authentiques ordinaires auront, comme actes révocatoires, la plus grande utilité.

Supposons, par exemple, qu'un fondateur ait ajourné l'exécution de son projet de révocation, et qu'après avoir dit, comme cela arrive souvent pour des actes importans, *je suis décidé, je ferai, j'ai le temps*, il se sente tout à coup saisi des atteintes d'un mal qui rende sa fin imminente; il n'a plus que la ressource d'un testament olographe ou notarié, ou d'un acte authentique; on ne pourrait contester à l'un de ces actes son effet révocatoire.

Il en serait de même si le fondateur, ignorant que la voie de la requête au sceau lui est ouverte *, faisait constater authentiquement sa volonté. La loi n'ayant pas prescrit telle forme plutôt que telle autre, on ne pourrait refuser de voir, dans l'acte de révocation, l'exercice légitime du droit conféré par l'art. 3.

Enfin il pourrait arriver que la chancellerie appréciât mal en fait les justifications qui lui sont fournies, ou qu'elle se trompât en droit sur le sens du paragraphe exceptionnel de l'art. 3, et que par suite de l'une de ces méprises en droit ou en fait, elle repoussât la demande de révocation. Dans cette hypothèse, il ne resterait plus au fondateur qu'à manifester sa volonté et à faire reconnaitre son droit par les

---

* Je sais qu'un avis doit être inséré au *Moniteur* pour prévenir les parties intéressées, de ce qu'elles peuvent faire.

tribunaux ordinaires, pour obtenir l'affranchissement de se
propriétés ; s'il s'était borné à faire constater sa révocation
sans réclamer personnellement devant les tribunaux, se
héritiers y procéderaient quand viendrait le moment de
partage.

III. Le second paragraphe de l'art. 3 interdit au fondateu
l'exercice de la faculté que lui confère le premier paragra
phe, s'il existe un appelé qui ait contracté, antérieuremen
à la loi, un mariage non dissous ou dont il soit resté de
enfans. Dans le peu de mots dont se compose ce paragraph
exceptionnel, il y a plusieurs questions importantes : l
première porte sur le sens du mot *appelé* et sur l'étendue de
son acception.

La même expression se trouvait déjà dans la proposition
qui déclarait les majorats actuels non avenus et leurs bien
disponibles entre les mains des possesseurs, à moins qu'i
n'y eût des appelés nés ou conçus au moment de la promul
gation de la loi. Qu'entend-on ici par *appelés?* disait u
membre de la chambre des pairs lors de la discussion de l
résolution adoptée par la chambre élective. « Un possesseu
de majorat a deux fils non encore mariés au moment de
la promulgation de la loi ; tous les deux sont appelés à re
cueillir successivement le majorat. Mais si, postérieuremen
à la loi, le fils ainé se marie et qu'il ait un enfant mâle, ce
enfant, qui devait recueillir le majorat, mais qui n'y a plu
aucun droit d'après la nouvelle loi, puisqu'il est né posté
rieurement à la promulgation, empêchera-t-il son oncle de
recueillir le majorat, ou celui-ci ne pourra-t-il pas dire
J'étais un des appelés au moment de la promulgation de l
loi, et la naissance postérieure d'un neveu ne peut pas me
priver de mes droits * » ?

Ces paroles ayant été prononcées dans la discussion géné
rale, et se référant à un projet auquel la commission er
avait substitué un autre dont les articles seuls devaien
donner lieu à une discussion de détail, le rapporteur de la
commission n'a fait aucune réponse. A la vérité l'explicatio

* Opinion de M. Dejean, séance du 12 mars 1835. *Monit.*, p. 494.

pouvait se reproduire à propos de l'art. 7, devenu l'art. 3 de la loi, et c'est parce qu'il n'en fut rien que nous ne trouvons aucun discours officiel propre à répandre quelque lumière sur la question.

Mais, dans la session de 1834, il avait été dit quelque chose au sujet du mot *appelé* ; on lit dans le second rapport de M. Dufau, celui du 9 avril 1834 : «Nous avons employé l'expression *les appelés* pour comprendre tous les degrés *dans la ligne directe descendante*, etc. » M. le duc de Bassano (2ᵉ rapport à la chambre des pairs, séance du 17 mai 1834) a été beaucoup plus explicite:

« Les *appelés* sont, dans le sens de l'article, les aînés dans la ligne directe des possesseurs, à quelque degré qu'ils descendent d'eux, pourvu qu'i s soient déjà nés ou conçus. Le fils puiné du possesseur n'est point appelé et ne peut pas l'être, non seulement parce qu'il n'a qu'une expectative plus éloignée *et en quelque sorte conditionnelle, et qu'il y a dans cette condition quelque chose qui répugne aux sentimens les plus naturels ;* mais encore parce qu'étant né ou conçu au moment de la promulgation de la loi, s'il était investi par elle des droits d'un appelé, il s'ensuivrait que son frère aîné dont il est le collatéral, venant à mourir en laissant un fils né postérieurement à la promulgation de la loi, il recueillerait le majorat au détriment du descendant direct ; ce qui serait une violation manifeste de la loi constitutive, qui fixe exclusivement la transmission dans la descendance directe du titulaire, de mâle en mâle et par ordre de primogéniture.

« Les *appelés*, dans le sens de l'article, sont ceux qui sont appelés directement et sans intermédiaire, c'est-à-dire le fils aîné du titulaire, l'aîné de ce fils aîné, l'aîné de ses petits-fils, et ainsi de suite dans le cas où il y aurait des fils aînés dans plus de trois générations co-existantes. Le *dernier des appelés* est celui de ces aînés qui meurt sans laisser un enfant mâle.

« Cette explication s'accorde avec celle qu'a donnée le rapporteur de la chambre des députés, lorsqu'il a dit : «Nous avons employé l'expression *les appelés*, etc. »

D'un autre côté, on trouve dans le rapport de M. le comte Siméon à la chambre des pairs, séance du 5 mars 1835, et dans le deuxième rapport de M. le comte de Jaubert à la chambre des députés, séance du 30 mars, des passages dans lesquels on reconnait comme *appelé* le fils *puîné* du fondateur, si l'aîné meurt sans enfant mâle.

Comment donc démêler la vérité au milieu de ces assertions qui paraissent si contradictoires?

D'abord la contradiction, qui n'est qu'apparente, vient de ce que chacun, pour émettre son opinion, s'est placé à un point de vue différent. En examinant les droits du puiné, on a eu raison de dire qu'il était naturellement appelé à recueillir le majorat, si l'aîné ne laissait point d'enfant mâle; c'est ce que j'ai d'ailleurs justifié précédemment, parce que telle est la loi en matière de majorats. D'autre part on a eu raison de dire aussi que le puiné n'aurait pu, à la faveur de la loi, si elle eût été conforme à la proposition adoptée par la chambre des députés, prétendre exclure le fils de son aîné, sous le prétexte que ce fils n'était pas *né* au jour de la promulgation, car il ne peut jamais recueillir *qu'à défaut de mâle dans la branche aînée*; donc, pour cette hypothèse, il n'était pas *appelé* par la loi. Ainsi les divers opinans sont partis des mêmes principes, et s'ils paraissent en divergence, cela tient à ce qu'ils ont appliqué ces principes à des hypothèses essentiellement différentes; dans l'une, le puiné était *appelé*; dans l'autre, il ne pouvait l'être.

Ensuite, rien de ce qui a été dit ne s'applique directement à la question telle qu'elle résulte de l'article 3 de la loi du 12 mai; seulement nous trouvons dans les paroles de M. le duc de Bassano, que je rappellerai encore tout à l'heure, l'expression d'une pensée qui doit nécessairement dominer cette question comme elle dominait celle dont il a eu à s'occuper dans le système qu'adoptait la commission au nom de laquelle il parlait à la chambre des pairs. Il y avait en effet de la relation entre les deux questions, puisque l'article 3 de la loi était l'article 7 d'un projet dont quelques autres articles réglaient aussi les droits des *appelés*. Cela dit, examinons le sens de cet article 3.

On a voulu donner au fondateur la faculté de révoquer des dispositions qui étaient désormais sans objet pour lui et pour sa famille. Mais en même temps on n'a pas voulu porter la moindre atteinte à des contrats qui ont pu être déterminés par l'existence du majorat. Ainsi, au moment où le fils aîné d'un fondateur de majorat s'est présenté dans une famille pour y rechercher une alliance, le chef de cette famille s'est naturellement enquis du présent et de l'avenir ; il a su que celui qui prétend à la main de sa fille est le successeur présomptif d'un majorat, il a dû croire dès lors que celle-ci aurait une existence assurée pour elle et pour les enfans à naître de son mariage, qu'en cas de survie elle aurait une pension, de telle sorte que si le mari devenait un jour dissipateur ou se trouvait dépouillé de sa fortune personnelle par quelque événement malheureux, tout ne serait pas désespéré pour la famille. De semblables calculs, dictés par la prévoyance, ayant été de nature à déterminer le mariage, il y aurait eu injustice à permettre une révocation qui les aurait déjoués au préjudice d'un tiers ; on a donc été conduit par l'équité à respecter le *statu quo* toutes les fois que *l'appelé* était marié ou qu'en cas de dissolution de son mariage il lui en restait des enfans.

Mais toutes ces considérations pouvaient-elles militer pour le cas de mariage d'un *puîné?* Est-ce qu'on a pu, l'aîné existant, spéculer sur l'événement possible ou probable de son décès? Les législateurs pouvaient-ils respecter de semblables spéculations si jamais elles avaient été faites ? L'expectative du puîné étant subordonnée au décès de l'aîné, *il y a dans cette condition*, comme le disait avec beaucoup de justesse M. le duc de Bassano, *quelque chose qui répugne aux sentimens les plus naturels*, et l'on ne supposera jamais qu'elle ait pu être la base légale d'un contrat.

Le mariage du puîné, de ce fils qui n'est pas encore appelé, mais qui peut l'être, ne fera donc pas obstacle à la révocation. S'il n'a pas convenu au fondateur d'user de la faculté que lui donne le premier paragraphe de l'article 3, si le majorat continue à subsister, si le fils aîné du fondateur vient à mourir sans enfant mâle, alors et par l'événement le fils puîné sera le véritable appelé , il en aura tous les droits; mais jusqu'à cet événement, et tant que le fils aîné subsiste , le puîné ne doit être compté pour rien. Entendre autrement la loi, ce serait en fausser le sens naturel, équitable, et accorder au mot *appelé* une extension qu'il ne comporte pas.

L'interprétation que je donne a pour elle un précédent : c'est la réserve contenue dans l'article 11 du titre 1er de la loi du 15 mars 1790 , qui, en abolissant les droits d'aînesse et de masculinité , a néanmoins fait exception en faveur des aînés mariés ou veufs avec enfans au jour de la promulgation de la loi. Certes cette disposition ne pouvait être invoquée par les puînés qui au jour de l'ouverture de la succession se seraient trouvés aînés par suite du décès de leurs frères ; pour leur ôter tout prétexte, la loi du 8 - 15 avril 1791 l'a expressément décidé en ces termes : « Art. 9. Nul puîné devenu aîné depuis son mariage contracté même avant la publication , soit du présent décret, soit de celui du 15 mars 1790 , ne pourra réclamer, en vertu desdites exceptions , les avantages dont l'expectative était, au moment où il s'est marié, déférés par la loi à son cohéritier présomptif aîné. » Je dis aussi, en partant du même principe, que le puîné ne peut, à l'égard du fondateur, faire obstacle à une révocation qui ne lui porte pas un préjudice actuel, et se prévaloir des considérations qui ont déterminé une exception en faveur de l'aîné.

IV. Une autre question à laquelle donne lieu le second paragraphe de l'article 3, est relative à l'époque du mariage de l'appelé. La loi, en mentionnant *le mariage contracté avant sa promulgation*, n'a pas résolu toutes les difficultés ; elle n'exprime pas que le mariage doit, de plus, avoir été contracté depuis la fondation du majorat, et cependant il faut que cette condition concoure avec le fait du mariage pour qu'il y ait obstacle à la révocation. C'est une opinion que j'ai émise devant la commission , en témoignant le regret de ne pas voir la loi la décider en termes exprès ; elle est consignée dans ma note jointe au rapport fait à la chambre des députés le 30 mars 1835 , et c'est bien ainsi que la commission l'entendait unanimement :

« Les cas auxquels s'applique l'exception écrite en l'article 3 auraient pu être spécifiés d'une manière plus explicite. Ainsi nous entendons bien que quand nous adoptons une exception fondée sur la faveur due au mariage, nous ne parlons que du mariage qui a pu être déterminé par l'existence du majorat et par la perspective qu'il offrait aux enfans à naître, et par conséquent du mariage contracté *depuis la création du majorat.* Je crois qu'il eût été bien d'exprimer cette pensée dans la loi même, en ajoutant à ces mots : *antérieurement à la présente loi*, ceux-ci : *et depuis la création du majorat.* »

Quoique cette addition matérielle n'ait pas été possible, au point où était parvenu le projet après tant de vicissitudes, il faut cependant l'y suppléer par la pensée. Vainement dirait-on que l'article 3 ne distingue pas, et que là où la loi ne distingue pas, le juge ne doit pas distinguer ; que l'article 3 parlant des mariages en général, il suffit, pour empêcher le fondateur de révoquer, que le mariage ait été contracté avant la promulgation de la loi, sans qu'il y ait lieu d'examiner s'il est ou non postérieur à la création du majorat. La réponse à cette objection est que la distinction sur laquelle j'insiste est inhérente à la loi elle-même, qui sans cela n'aurait pas de sens, et que comme il s'agit d'une exception, elle doit être restreinte dans les limites les plus étroites, de manière à ne gêner que le moins possible, et seulement pour des causes équitables, la liberté du fondateur. Cette dernière partie de la réponse n'a pas besoin de démonstration, mais il est utile, je pense, que je m'explique sur la première ; j'ai dit que la distinction entre les mariages antérieurs à la création du majorat et ceux qui l'ont suivie, est inhérente à la loi ; en effet, quel a été le motif de l'exception apportée au droit de révocation ? Les auteurs de l'article n'ont eu d'autre but que de ménager les intérêts, et, si l'on veut, de sauver les droits de ceux qui ont contracté dans la vue du majorat, à raison de la perspective que leur offrait son existence ; on a voulu préserver de la destruction le majorat qui a pu être la cause impulsive d'un mariage. Or, aucune de ces considérations ne s'applique au majorat fondé après le mariage; il n'a pu entrer dans les prévisions des contractans ni par conséquent dans celles des législateurs. Autre chose serait si dans le contrat de mariage, celui qui a ultérieurement fondé le majorat s'était engagé à le fonder, si telle eût été la condition de l'alliance; mais alors la révocation devrait être interdite moins à cause du second paragraphe de l'article 3, que comme contraire à un contrat positif et légal.

Enfin, il ne faut pas oublier, en résolvant cette question, que l'article dont il s'agit, avant d'être adopté par la chambre des pairs et appliqué par elle à un nouveau système de dispositions transitoires, faisait partie d'un système dans lequel toutes les parties se liaient intimement; que l'une des dispositions de ce système, en exceptant de la mesure générale de l'abolition les majorats possédés par des titulaires mariés avant la loi, portait expressément qu'il s'agissait de mariages postérieurs à la création de ces majorats; que quand l'amendement qui a donné naissance à l'article 3 a été introduit dans la proposition et accueilli par la chambre, ce n'a pu être que dans le même but et avec la même pensée, c'est-à-dire qu'on ne l'entendait, comme l'article précédent, que des mariages contractés en vue des majorats.

V. Un mariage contracté postérieurement à la promulgation de la présente loi pourrait-il faire obstacle à la révocation du fondateur? Pour résoudre cette question, il suffit de lire l'art. 3. Sa première disposition donne au fondateur un droit absolu; la seconde ne lui interdit ce droit que quand il existe un appelé qui a contracté mariage *antérieurement à la loi*. Voilà qui est positif et qui permet de conclure que l'exception ne peut naitre du fait d'un mariage *postérieur*. Et dans la réalité, le fondateur ne peut être à la discrétion de *l'appelé*; il ne saurait dépendre de celui-ci de lui ravir un droit explicite; d'un autre côté, la loi ne devait pas aller jusqu'à protéger, aux dépens de la liberté du fondateur, les mariages à venir, car tous les appelés qui se marieront désormais connaissent le droit de révocation, ils n'ont qu'une expectative bien incertaine, résoluble pour ainsi dire *ad nutum* ; personne ne s'y méprendra et ne pourra se prévaloir de l'existence d'un majorat dont chacun doit connaitre la condition actuelle.

VI. Que faudrait-il décider, soit dans le cas où le mariage de l'appelé, qui fait présentement obstacle à la révocation, viendrait à se dissoudre sans qu'il en restât des enfans, soit dans l'hypothèse où les enfans survivans à la dissolution du mariage mourraient avant le fondateur ? La cause de l'exception cessant, il parait incontestable que les effets devraient également cesser ; le fondateur, redevenu libre, aurait le droit de révoquer. Ceci est vrai en thèse générale, l'appelé étant lui-même décédé. Mais si *l'appelé* a survécu à son épouse et à ses enfans, ne pourra-t-il pas prétendre que son droit a été conservé par l'existence de ces derniers au moment de la publication de la loi, que le majorat a été dès lors inaltérable et qu'il doit subsister comme tel ? Une prétention de ce genre n'est point admissible : nous sommes assez avancés dans l'examen des questions que présente la loi pour qu'il en soit résulté la preuve que ce n'est pas l'intérêt de l'appelé que l'art. 3 a eu en vue, que c'est uniquement à cause de sa femme et de ses enfans que le majorat a été préservé de la révocation, et par respect pour la foi que la famille qui s'est alliée à celle du titulaire pouvait avoir dans ce majorat.

VII. Une dernière question naît du paragraphe exceptionnel, à l'occasion des termes *ou dont il soit resté des enfans* *. Je dois reproduire ici ce que je disais dans la commission de la chambre des députés, sur les motifs de l'exception ; je reprendrai ensuite plus utilement les différentes branches de la question :

« L'exception n'a d'autre but que d'empêcher le fondateur de dissiper ou de détourner de leur destination des biens sur lesquels une femme a pu compter pour son avenir et pour celui de ses enfans. On aurait donc pourvu à tout, 1° en imposant au fondateur l'obligation de ne disposer des

---

* Ici, comme dans toute loi, le mot *enfans* comprend les enfans et petits-enfans.

biens que sous la réserve du droit de survie de la femme
de l'appelé, et au profit des enfans seuls, lorsque parmi eux
il n'en existe aucun qui soit apte à recueillir le majorat;
2° en lui interdisant de révoquer lorsqu'il a un petit-fils.
L'exception eût été claire et nettement applicable aux différens cas. Au lieu de cela, on l'a conçue dans des termes tels,
qu'il paraît en résulter que, pourvu qu'il y ait un appelé
marié, n'eût-il point d'enfans, ou que du mariage dissous
d'un appelé il existe des enfans, ne fût-ce que des filles, le
fondateur se trouve frappé d'impuissance et condamné à
voir passer dans une ligne collatérale, au préjudice de ses
propres filles ou de ses petites-filles, des biens qu'il n'aurait
certes pas érigés en majorat s'il eût pu prévoir qu'ils auraient un pareil sort, sans offrir en compensation l'avantage
de la perpétuité. J'aime à croire que les tribunaux ne s'y
méprendront pas, et que si un fondateur, révoquant son majorat, déclarait le partager également soit entre ses enfans,
sous la réserve du droit de survie de sa belle-fille, soit entre ses petites-filles, une pareille disposition serait jugée
valable parce qu'elle respecterait tous les intérêts légitimes;
j'aime à croire que la révocation ne serait jugée impossible
que dans le cas où parmi les petits-enfans du fondateur il
y aurait un mâle *. »

On demande si la révocation est rendue impossible par
cela seul qu'il existe des enfans, quels qu'ils soient, ou s'il
ne faut pas que parmi eux s'en trouve un qui soit suscep
tible d'être *appelé*, c'est-à-dire un enfant mâle. Je dois convenir que la loi est trop précise pour comporter une distinction, et ici je reviens franchement sur l'opinion beaucoup
trop absolue que j'avais émise devant la commission; la loi
parle d'*enfans* sans restriction, et non d'*appelé*. D'ailleurs,
si l'on consulte les motifs de l'exception, il est impossible
de s'y méprendre : l'auteur de l'amendement et ceux qui
l'ont agréé, ont voulu maintenir l'épouse et les enfans dans
l'état que leur assurait l'existence du majorat; ils ont
voulu que rien ne fût changé à leur égard.

* Extrait de la note annexée au rapport du 30 mars 1835.

J'avais poussé trop loin mes appréhensions en disant que la disposition pourrait avoir pour résultat de faire passer le majorat maintenu entre les mains d'un héritier collatéral; en effet, d'après la législation spéciale, le majorat ne peut remonter, il passe à la ligne directe descendante du fondateur; si cette ligne manque, le majorat s'éteint. Mais le danger réel vient, pour les filles de l'aîné, de l'existence d'un frère puiné de celui-ci; ce n'est pas au profit de ce puiné que l'art. 3 a voulu interdire la révocation du majorat; je l'ai déjà démontré, c'est uniquement dans l'intérêt des enfans de l'aîné; et cependant, par le fait, le puiné de celui-ci en recueillerait tous les avantages; dans cette hypothèse, mon objection reprend toute sa force. Que faire donc pour concilier l'esprit de la loi avec son texte, et empêcher qu'une loi essentiellement favorable ne tourne contre ceux dans l'intérêt desquels elle a été faite?

Il faut ne pas perdre de vue le but : on s'est proposé l'intérêt de la femme, celui des enfans, et rien au-delà. Eh bien! que le fondateur fasse des dispositions telles que le majorat ne continue pas, et qu'en même temps les biens qui le composent ne puissent disparaître au préjudice de la femme de l'appelé ou de ses filles; tous les intéressés auront satisfaction, y compris la loi elle-même. Par exemple, qu'il s'adresse au sceau, qu'il demande l'extinction de son majorat, mais sous la condition de ne pas aliéner les biens au préjudice des filles de l'appelé et avec la réserve des droits éventuels de la veuve de ce dernier; il me semble que l'administration n'aurait pas de motifs pour refuser de prononcer la dissolution du majorat; elle ferait cesser dans la famille le privilège de primogéniture, et ne laisserait pas au fondateur la liberté de dissiper des biens qui seraient conservés aux héritiers.

Si le fondateur ne recourt pas à cette voie, ou si sa requête a été rejetée, qu'il fasse ses dispositions par acte authentique ou testamentaire portant révocation expresse de son majorat, sous la réserve des droits de la veuve, le cas échéant, et au moment de l'ouverture de sa succession les tribunaux prononceront entre les divers intéressés, c'est-à-dire entre les filles de l'aîné d'une part, et le frère puîné de celui-ci d'autre part.

Ce que je viens de dire concorde en ce point avec l'opinion énoncée en la note annexée au rapport du 3o mars 1835.

VIII. Quelle serait, sur le droit de révocation, l'influence du mariage du fondateur? Cette question, ainsi posée en termes absolus, peut paraître en quelque sorte puérile, car l'article ne limite le droit du fondateur qu'autant qu'il y a un APPELÉ *marié*: or, cet appelé ne peut exister que comme fruit du mariage du fondateur; c'est donc dans cette position de marié, père de famille, que la loi l'a envisagé et lui a permis de révoquer son majorat. Cependant si l'on suppose que le mariage du fondateur a été contracté depuis la création du majorat, on rencontre toutes les raisons qui avaient déterminé les auteurs de la première résolution à empêcher l'aliénation des biens compris dans le majorat toutes les fois qu'il y avait eu mariage contracté depuis sa création. Soit, mais il s'ensuit seulement que c'était à la loi à y pourvoir, et non pas qu'on doive ajouter à l'exception contenue dans le deuxième paragraphe de l'art. 3.

IX. Il est des majorats qui au moment du décès des fondateurs se dissoudront par la force des choses, quelle qu'ait été la volonté de ces derniers de ne pas profiter de la loi qui leur permettait d'en prononcer la révocation, ou quelle qu'ait été sur le sort de ces majorats l'influence de l'exception résultant du deuxième paragraphe de l'art. 3, et les biens deviendront partageables entre les enfans des fondateurs, selon le droit commun, nonobstant l'existence d'un descendant mâle.

Supposons, en effet, qu'à l'époque de l'ouverture de la succession, la réunion des biens composant le majorat et de ceux qui étaient restés libres, démontre que le majorat excède la quotité disponible: il y aura nécessairement lieu à retranchement, et par suite le majorat devenu incomplet devra être déclaré dissous toutes les fois que le retranchement l'aura réduit à une somme de revenus inférieurs au *minimum* déterminé par les statuts pour le titre auquel il se réfère.

Mais ce qui se rapporte à cette hypothèse et à d'autres analogues, tient plutôt au droit commun qu'à l'application de la loi du 12 mai, et je dois dès lors m'abstenir de traiter un sujet qui pourrait m'entraîner hors des limites du présent commentaire.

X. L'art. 3 de la loi du 12 mai ne donne qu'au fondateur seul le droit d'anéantir le majorat. Il est vrai qu'il a pourvu à la situation la plus générale des majorats; car, à l'époque de la discussion de la loi, il en existait encore 589 entre les mains des fondateurs; il n'y en avait de transmis que 84. Quoi qu'il en soit, ce nombre de 84 est assez considérable pour que la question que je veux poser présente quelque intérêt : c'est celle de savoir si un majorat transmis pourrait être annulé entre les mains du possesseur, et à quelles conditions. Devant la commission de la chambre des députés, j'ai dit que « si un possesseur se trouvant en présence d'appelés, tous majeurs, convenait avec ceux-ci, gratuitement ou moyennant quelques stipulations à leur profit, qu'il demeurerait libre de disposer des biens formant le majorat, une pareille convention n'aurait rien d'illicite et devrait être respectée. » Mais je n'ai pas dissimulé que ce pourrait bien être une matière à procès ; plus j'y ai réfléchi depuis lors, plus j'y ai vu de difficulté.

Il y a, en effet, dans la transmission des majorats quelqué chose d'aléatoire ; tel qui est aujourd'hui le successeur présomptif, peut en définitive faire place à un autre, de manière que celui qui aurait obtenu l'affranchissement des biens se trouverait avoir stipulé avec un individu sans titre et sans qualité. Les magistrats ne pourraient donc statuer sur les effets du traité qu'après l'événement qui fixe le droit du dernier appelé; jusque-là tout resterait en suspens, personne ne recueillerait les avantages du traité avant le terme fixé par la loi elle-même pour l'extinction du majorat, c'est-à-dire que ce traité, devenu sans objet, devrait être résilié entre les contractans, et qu'il faut le regarder par conséquent comme chose impraticable.

XI. Puisque j'ai parlé d'arrangemens de famille, je ne terminerai pas mes observations sur ce point sans indiquer un acte de justice qui peut et qui doit dès lors se réaliser avant la dernière transmission du majorat.

J'ai dit que les biens qui le composent se trouveront affranchis et disponibles entre les mains du dernier titulaire, représentant le deuxième degré ; c'est pour celui-ci un immense avantage, puisqu'il recueillera un préciput sans être assujetti à le conserver pour d'autres. Le père de cet appelé, s'il a d'autres enfans, ferait un acte équitable en disposant en faveur de ceux-ci de la quotité disponible de ses biens personnels. Voilà une de ces mesures dont il suffit de faire naître l'idée, je n'ai pas à insister autrement sur ce point.

XII. Jusqu'à présent, je n'ai parlé que des révocations en général ; cependant l'article 3 permet au fondateur de révoquer en tout *ou en partie*. Il faut donc rechercher en quoi peut consister une révocation *partielle*, et si un fondateur a le droit de réduire le majorat à un revenu quelconque.

D'après la législation spéciale, il n'y a de majorat possible qu'autant que les biens que l'on veut y affecter ne sont pas d'un produit inférieur au *minimum* du revenu fixé pour la nature du titre pour lequel le majorat est constitué. Aussi ai—je dit plus haut que quand, par l'effet du retranchement opéré sur la demande des héritiers légitimaires du fondateur, le revenu des biens composant le majorat devenait inférieur au *minimum* déterminé pour le titre auquel il a été attaché, il y a lieu à la dissolution de ce majorat qui est réputé non avenu. Telle est la règle incontestable.

On comprend donc que si le fondateur voulait, *par une révocation partielle*, réduire son majorat à un revenu tel qu'il ne fût plus en harmonie avec son titre, cette révocation ne pourrait être admise, ou bien la conséquence immédiate serait l'anéantissement du majorat lui-même.

Mais alors quand peut-il y avoir révocation *en partie* ?

A cela je réponds qu'il y a de nombreux exemples de majorats produisant un revenu supérieur à celui qui est exigé par les statuts pour les titres auxquels ils se référent ; cela tient à plusieurs causes ; par exemple : le fondateur n'a pas voulu morceler un corps de biens qu'il demandait à ériger en majorat ; le revenu a pu être supérieur à celui qui était rigoureusement exigé. Un fondateur qui avait le désir d'obtenir un jour un titre plus élevé que celui qu'il portait, a compris dans son majorat des biens dont le revenu atteignait par avance celui que comporte le titre auquel il aspirait ; enfin, conformément à l'article 1er de l'ordonnance du 25 août 1817, un fondateur s'est mis en position d'être élevé à la pairie par la création d'un majorat dont le revenu devait être double au moins de celui affecté à un majorat hors-pairie.

Dans ces différens cas, la révocation partielle est possible, en tant qu'elle a pour objet de faire réduire le majorat au *minimum* du revenu strictement déterminé par les statuts.

XIII. On m'a demandé si le fondateur, qui est autorisé par l'article 3 à modifier les conditions de son institution, peut demander que son majorat profite à un autre que son fils aîné. A cela j'ai répondu négativement, car nul ne peut changer les conditions fondamentales du majorat, celles qui tiennent à son essence et à son organisation. La faculté que confère la loi ne peut s'exercer que relativement à des clauses que l'on était libre d'insérer ou de ne pas insérer dans l'acte constitutif, et que l'on est autorisé à regarder comme purement accessoires, en tant qu'elles ne tiennent pas du tout à la nature du majorat.

ARTICLE 4.

Les dotations ou portions de dotation consistant en biens soumis au droit de retour en faveur de l'État, continueront à être possédées et transmises conformément aux actes d'investiture, et sans préjudice des droits d'expectative ouverts par la loi du 5 décembre 1814.

Les auteurs de la loi n'ont pu ni voulu toucher aux majorats ou portions de majorats fondés avec le domaine extraordinaire ; j'en ai expliqué les raisons : ils étaient retenus par le double intérêt des possesseurs et de l'État.

Les décrets rendus de 1808 à 1813 recevront donc leur exécution à l'égard des majorats maintenus expressément par l'article 4, tant qu'ils ne s'éteindront point de la manière prévue en l'article 75 du deuxième statut du 1er mars 1808.

Ne faisant pas un traité général des majorats, mais seulement le commentaire d'une loi spéciale, je ne saurais me livrer à l'examen de toutes les dispositions contenues dans les décrets dont l'exécution est maintenue, pour un temps indéfini, en ce qui concerne les dotations provenant du domaine extraordinaire.

On a essayé de sortir du régime que consacre le présent article. J'ai eu l'occasion de dire quelles étaient sur ce point mes idées personnelles ; je ne voyais d'autre moyen possible et juste que celui des transactions que l'on eût pu autoriser entre l'État et les possesseurs.

Dans la session de 1834, un membre de la chambre des députés, M. de Salverte, fit une proposition formelle. Cette proposition, lue dans la séance du 19 février 1834, et développée dans celle du 22, avait pour objet, 1° d'autoriser le ministre des finances à mettre en vente, par adjudication publique, aux enchères, l'expectative des droits de retour à l'État, sur les immeubles concédés à la charge de ce retour éventuel pour former des dotations de majorats, la mise à prix devant être égale au cinquième au moins de la valeur des biens susceptibles de faire retour; 2° d'ordonner l'extinction du majorat, et le retour de ses biens à l'empire du droit commun, toutes les fois que l'adjudicataire subrogé à l'État serait ou deviendrait possesseur desdits biens, soit comme titulaire du majorat, soit par suite d'arrangemens pris avec la famille titulaire.

Cette proposition n'a pas eu de succès. Elle n'a pas été reproduite ; aucune autre n'a été soumise à la chambre. Il m'a paru au surplus que M. le ministre des finances ne regardait comme possible aucune combinaison capable

de conduire les majorats provenant du domaine extraordinaire à une fin plus prompte que celle qui leur est assi-
gnée par la loi de leur institution. Il y a donc tout lieu
de croire que nous resterons dans le *statu quo*. Au moins
avons-nous la consolation de voir que dans les 2 millions
800,000 fr. de revenus des majorats sujets au droit de retour, les immeubles ne comptent que pour 169,000 fr., et
qu'il n'y a pas une masse plus considérable de biens-fonds
soustraits à la circulation.

FIN DU COMMENTAIRE.

www.ingramcontent.com/pod-product-compliance
Ingram Content Group UK Ltd.
Pitfield, Milton Keynes, MK11 3LW, UK
UKHW020943140726
13695UKWH00003B/1169